Mein krisengeschüttelter Weg
zum Licht unter Geistführung

CHRISTA SCHÜLER

Mein krisengeschüttelter Weg zum Licht unter Geistführung

Eine Mystikerlaufbahn
mit Auravideodokumentation

Bibliografische Information der Deutschen Nationalbibliothek
Die Deutsche Nationalbibliothek verzeichnet diese Publikation
in der Deutschen Nationalbibliografie;
detaillierte bibliografische Daten sind im Internet
über http://dnb.dnb.de abrufbar.

Lektorbegleitung: Ferdinand Leopold
Satz, Umschlaggestaltung, Herstellung und Verlag:
BoD – Books on Demand

ISBN 978-3-7534-1374-7

Inhalt

6

I. Die biografische Ausgangslage vor dem Start in eine schicksalsschwere Körperpsychotherapieausbildung [KPTA]

Mein Weg der spirituellen Höherentwicklung unter Geistführung war verknüpft mit einer Körperpsychotherapieausbildung [KPTA], die meine erste selbstbestimmte Entscheidung im Berufsleben war. Der Ärztemangel in der DDR – bedingt durch die offene Grenze nach Westdeutschland noch in meinem Abiturjahr – hatte mich ins Medizinstudium gelenkt, das mich überhaupt nicht interessierte.

Zu meiner Berufskarriere bis zur Psychotherapiepraxis:

Jahrgang 1942: 1968 Absolvierung des Medizinstudiums, ein Jahrzehnt wissenschaftliche Tätigkeit an der Universität in Rostock auf den Gebieten Arbeitspsychologie und Sozialhygiene, 1979 bis 1985 Leiterin einer Ehe- und Sexualberatungsstelle der Stadt Rostock.

Meine Psychotherapiepraxis wurde zur persönlichen Bewährungsprobe durch professionelle Weiterbildungen, speziell durch eine dreijährige Gruppenselbsterfahrung. Rückendeckung in der praktischen Arbeit erhielt ich stets vom Arbeitsteam, speziell von einem Diplom-Psychologen.

Die persönlichen Herausforderungen wurden begleitet von einer leidenschaftlichen Beziehung zu einer verheirateten Frau, die zu einer Dreieckseskalation ausuferte. Da ohne die Freundin mein Leben seinen Sinn verloren hätte, suchte ich nach einem Ausweg:

Ich setzte mich intensiv mit der Technik einer Paartherapie auseinander. Auf einer Regionalen Tagung der Psychotherapie hielt ich im Jahre 1984 den Vortrag „Konfliktzentrierte Paartherapie – konzeptionelle und praxisrelevante Probleme", wofür alle meine Paarberatungen nach den Büchern „Die Zweierbeziehung" und

„Therapie der Zweierbeziehung" von Jürg Willi analysiert worden waren.

Eine Erschöpfungskrise lenkte mein chaotisches Privatleben auf Selbstbesinnung um:

Unter Alkoholeinfluss raste ich mit dem Auto im Dunkeln mit voller Wucht gegen eine Ampel, wobei der Gestaltruck blitzschnell mein inneres Getriebensein beendete; mit einem Totalschaden des Autos kam ich davon. Diesen Glücksumstand nahm ich als Hinweis, mich für einen Ausstieg aus dem Dreieck zu engagieren.

Ich zog von Rostock nach Berlin, wo ich im Zeitraum 1985 bis 1988 eine Ausbildungsstelle zum Facharzt für Psychotherapie bekam. Mit dem Umzug verband ich die Hoffnung, eine entspannte Beziehung mit meiner Freundin hinzubekommen.

Berufliche Herausforderungen und sportliche Geselligkeiten (Surfen, Aerobic und Sauna) ermöglichten mir die Vollziehung der Trennung, um die sich auch meine Freundin bemühte. Wir trafen uns noch einmal auf einer Weihnachtsfeier in meinem letzten Ausbildungsjahr, wo sie mich in großer Erregung begrüßte, um dann fortzugehen mit den Worten: „Ich muss jetzt zu meinem Mann." Ich sah ihr nach, wie sie die leere Tanzfläche überquerte und murmelte „Lebewohl, meine Liebe"; sie hatte mir geholfen, mich selbst zu finden.

Inzwischen hatte ich eine Subspezialisierung in Körperpsychotherapie als neues Lebensziel ins Auge gefasst:

Im Herbst zuvor hatte mich meine Vorgesetzte zu einem Körperpsychotherapie-Seminar eines Experten aus dem westlichen Ausland mitgenommen, wonach ich eine Subspezialisierung in Körperpsychotherapie anstrebte. Eine diesbezügliche Bewerbung bei einem Experten an einem Diakoniekrankenhaus in Sachsen

war umgelenkt worden auf eine stationäre Teilnahme als Klientin,
um seine Methode hautnah zu erleben.

Nach Abschluss der Facharztausbildung nahm ich im Frühjahr 1988 an einer fünfwöchigen Körperpsychotherapie als Klientin teil. In den öffentlich praktizierten Sitzungen, auch meinen eigenen, nahm der Wunsch, sich mit einer Subspezialisierung in Körperpsychotherapie selbst zu verwirklichen, Gestalt an. Doch die Beziehung zum Therapeuten blieb unklar. Daher war ich überrascht, als er mir im Entlassungsgespräch eine Hospitation in Aussicht stellte. Im Glücksrausch fuhr ich zurück nach Berlin, eine rosige Zukunft vor Augen.

Mein Berliner Chef beendete anschließend meine Berufslaufbahn mit einer fachlichen Negativbeurteilung aus folgenden Gründen (Zitat):

„In der realen Arbeit galt sie als zuverlässige Kollegin. Die Fähigkeit zur Selbstreflexion und selbstkritischer Infragestellung konnte Frau Dr. Schüler unter Supervisionsbedingungen im Ausbildungszeitraum aber nicht in dem Maße nachweisen, wie es für eine Neurosen-Psychotherapie erforderlich ist."

Ich benötigte eine Positivbeurteilung der Fachausbildung für die Zulassung zur Fachprüfung, dennoch bewarb ich mich.

Der Vorsitzende der Zentralen Fachkommission Psychotherapie belehrte mich schriftlich, dass ich nur mit zwei Positivbeurteilungen von zugelassenen Einrichtungen zur Fachprüfung zugelassen werden könne. Doch nach Erwerb der ersten verhinderte er persönlich ein klärendes Drittgutachten.

Im September 1989 wurde meine DDR-Ausbürgerung bewilligt.

Am neuen Wohnsitz in Hamburg war ich völlig daneben:

Den Mauerfall begriff ich nicht. Ich erstarrte in der Opferrolle bei meinen Rehabilitationsniederlagen, ohne zu realisieren, dass

meine Ostberliner Ausbilder, die ich für mein Schicksal verant-
wortlich machte, inzwischen an vorderster Front für die Gleich-
stellung der Psychotherapie im geeinten Deutschland kämpften.

Mein Ziel, die Körperpsychotherapieausbildung [KPTA] bei dem
Experten aus dem westlichen Ausland zu absolvieren, der mir die
Methode ans Herz gelegt hatte, hielt mich am Laufen.

Da jener Experte auch auf Englisch unterrichtete, das ich nicht
auf der Schule gelernt hatte, beschäftigte ich mich intensiv mit
Englisch. Meine Selbstkonzentration beruhte auf dem Training
einer Tiefenatmung, die ich seit 1981 praktizierte nach dem Buch
„Funktionelle Entspannung. Theorie und Praxis einer organis-
mischen Entspannung über den rhythmisierten Atem" von Ma-
rianne Fuchs; außerdem tankte ich auf in der Natur.

Als keine berufliche Rehabilitation mehr zu erwarten war, die ich für
die Finanzierung der neuen Ausbildung anstrebte, machte ich meinem
schwedischen Exfreund aus Rostocker Zeiten ein Heiratsangebot. Er
kam nach Hamburg, und wir träumten an der Alster von einer gemeinsamen Zukunft. Alles passte: er war von Beruf Englischlehrer und
befürwortete meine neue Ausbildung. Mit Schwung bereitete ich meine
Ausreise nach Schweden vor:

Ich kündigte die zu teure Wohnung, und warf meine berufliche
Vergangenheit über Bord. Als er in letzter Sekunde einen Rück-
zieher machte, atmete ich auf, denn ich war nun frei für den ge-
planten Neubeginn.

Ich suchte eine Stiftung auf, wo ich von meiner Gesprächspartnerin
ermuntert wurde, den Neustart zu wagen, wobei mir eine Spende auf
die Beine half.

Der Hauptsitz des Zentrums der Körperpsychotherapie lag im westlichen Ausland, doch ich besuchte im Zeitraum 1991 bis 1993 eine

Außenstelle in Berlin und wohnte bei Freunden. Mit einem zinsfreien Privatkredit, Arbeitslosengeld und einer günstigen Zimmermiete in Hamburg nahm mein Schicksal seinen Lauf.

Die Wiederbelebung der beruflichen Rehabilitation im ersten Ausbildungsjahr bot Halt beim Start der neuen Ausbildung mit Teilnahmeverbot am Methodentraining:

Ich hatte vor meiner geplanten Schwedenausreise die Niederlassungsberechtigung der Ärztekammer erworben, doch sie nützte mir nichts ohne meine Fachanerkennung, daher fragte ich im Frühjahr den Direktor des Psychoanalyse-Instituts, ob ich die Psychotherapieausbildung in Hamburg wiederholen könne. Er verwies auf die inzwischen erfolgte Gleichstellung, und empfahl einen Antrag auf die fehlende Fachprüfung, den er im Expertengremium nach der Sommerpause befürworten würde.

Im ersten Ausbildungsjahr bereitete ich mich intensiv auf die Psychotherapie-Fachprüfung vor, denn der Negativbescheid folgte erst nach dem Jahreswechsel. Auf diese Weise wurde ich geistig abgelenkt von den Missbrauchsumständen der KPTA.

II. Die Kennzeichnung des Kosmossystems der KPTA als Weg einer vorbestimmten Schicksalsmeisterung

Das Teilnahmeverbot am Methodentraining mittels Rufmord:

Die Ausbilderansage meines Muttertraumas am vierten Ausbildungstag schreckte die Gruppenteilnehmer ab, das Methodentraining, bei dem alle wechselseitig die Therapeuten- und Klientenrolle einnahmen, mit mir zu üben. Mein Schreck verhallte vor Begeisterung über die Ausbilderdemosession, wonach mir der Ausbilder die Distanzschau des Dritten Auges zuerkannte, das eine integrierte Persönlichkeit kennzeichnete. Seine Wertschätzung half, die fortgesetzten Interventionen des Co-Ausbilders [Co] mit stoischer Ruhe zu ertragen, doch meinen frohgemuten Abschiedsgruß erwiderte der Ausbilder so eiskalt, dass mich noch wochenlang Ausweglosigkeit quälte.

Der Start in eine regressive Höherentwicklung unter mystischer Führung:

Die Verzweiflung über den erneuten Supervisionsmissbrauch endete mit einer Engelsanrufung: In der Schrecksekunde verlor ich meine Fassung, die ich nach stundenlangem Herumlaufen wieder erlangte, wonach mir die Überlebensstrategie des Rückzugs in den Klientenstatus einfiel: Das Kennenlernen der Methode im Klientenstatus, wie bereits erlebt im Diakoniekrankenhaus, war gedacht bis zur Gruppenbildung, denn als Klientin war ich allseits willkommen.

Im ersten Jahr übten immer zwei Therapeuten mit einem Klienten, daher bestand mein Freiraum in wechselnden Dreiergruppen, die eine vorbestimmte Transformationskompetenz zum höheren Selbst unterstützten.

Die Supervision des Methodentrainings der Therapeuten, in denen grundsätzlich die Klienten fehlten, unterstützten insofern meine Ausbilderbewunderung, da ich nicht mitbekam, dass meine Therapeuten gelobt wurden für ihre erfolgreiche Arbeit mit mir Frühgestörten. Ich wunderte mich nur, dass ich als Klientin gewünscht und als Therapeutin abgelehnt wurde.

Die undurchschaubare Ausbildung als Überlebenschance:

Die dreijährige Ausbildung umfasste dreißig Tage im Jahr, wobei an jeweils drei Wochenkursen der Ausbilder in aller Regel erst am dritten Tag anreiste, darüber hinaus gestaltete sein Co auch separate Kurzrunden mit Unterstützung von zwei Assistentinnen.

Der Ausbilder widmete sich seiner Lehrerrolle und der Co sorgte für die gewünschte Gruppenordnung.

Ich bewunderte den Ausbilder, dem ich in eigener Praxis nacheifern wollte, indes ich alle Schuld an meiner Außenseiterrolle allein dem Co anlastete, der meines Erachtens den Ausbilder gegen mich aufhetzte. Ich hatte mir zum Ausbildungsziel gesetzt, die Wertschätzung des Ausbilders zu erlangen.

Alle meine Ausbilderkontaktversuche dienten der spirituellen Höherentwicklung, die ich auf die Ausbildungsmethode bezog, wodurch meine Motivation, die Ausbildung mit Erfolg abzuschließen, immer neue Nahrung erhielt.

Die mystische Führung auf dem Weg der vorbestimmten Schicksalsmeisterung:

Das erste Jahr des Rückzugs in die regressive Klientenrolle des Methodentrainings endete mit einer Selbstöffnung in das kosmische Energiefeld, was Urvertrauen zeugte.

Die aktive Kontaktherstellung zum Ausbilder im zweiten Jahr führte zur Ausbildungshalbzeit zum Gruppenanschluss, wonach der Ausbilder dogmatisch die Gruppe wieder spaltete und mich in seiner Demosession als Frühgestörte vorführte, wonach die höhere Selbstentwicklung in Kosmostiefe fortgesetzt wurde.

Im dritten Jahr begann ich mit der analytischen Aufbereitung der spirituellen Erfahrungen für einen Geistaustausch mit dem Ausbilder in der Mai-Schlusswoche, die erstmals mit einer bewussten Schrecklähmung endete, wobei das spirituelle Selbstbewusstsein eine irreversible Schädigung verhinderte.

Die Schicksalsjahre der KPTA erwiesen sich im Aufarbeitungsprozess, mit Orientierung an der Uryoga-Geistphilosophie, als Weg zur Schicksalsmeisterung.

III. Schreibarbeits-Bewusstseinsrhythmen – von einer konstruierten Nachgestaltung der Ausbilderbeziehung bis hin zur Erkenntnis der Selbstentwicklung in Kosmostiefe – als Schlusspunkt der Mystikerlaufbahn inklusive selbstbestimmter Lebensführung (1995–2018)

1. Die Arbeitskonzeption einer vorbestimmten Schicksalsmeisterung mithilfe der Uryoga-Geistphilosophie unter begleitender Aurafotografie-Supervision

Zur Ausgangslage:

In der Dezember-Ausbildungsschlusswoche des Jahres 1993 war mir, dank spiritueller Vorbereitung auf einen Abschied vom Ausbilder, der Affront des Ausbilders, dass ich in Eigentherapie gehen müsse, mit einer Gruppenaussprache gekontert worden, in der ich rundum Bestätigung fand. Ein herzerfrischendes Abschlussfest ließ die Hoffnung auf eine Selbstverwirklichung im Berufsleben aufflackern. Doch am Abreisetag zog der Ausbilder die Gruppe erneut in seinen Bann und verdonnerte mich in aller Öffentlichkeit zur Eigentherapie. „Das eiskalte Bye!" des Ausbilders beendete endgültig mein Berufsleben.

Am 4.7.1994 fesselten mich die Merksprüche in *Das Yoga Sutra. Die 196 Merksprüche des Ur-Yoga* von Sigmund Feuerabend, die mir meine spirituelle Höherentwicklung als Weg von außen nach innen offenbarten, den ein Yogi anstrebte zur Selbstfindung und zur Schicksalsmeisterung. Ich war zum Zeitpunkt mit der Aktualisierung der spirituellen Entwicklung für die anstehende Autobiografie beschäftigt.

Die Merksprüche las ich bis in die frühen Morgenstunden hintereinander durch, wobei das Ausbildungstrauma in der Geistwelt den Sinn einer Schicksalsmeisterung bekam, bedingt durch eine vorbestimmte Höherentwicklung, wie in dem Merkspruch des Urphänomens Gestalt beschrieben (Zitat):

„Wendet der Meister in seinem dreifachen Tiefsinn seine Aufmerksamkeit ausschließlich dem Urphänomen Gestalt zu, dann offenbart sich ihm das Wesen aller daseienden Erscheinungen bis in ihre letzten Elemente hinein, woraus ihm alle ihre Zustände bis zu deren Ende klar werden, und er sie beherrscht."

Die der Uryoga-Geistphilosophie zugrundeliegende Selbstentwicklung im kosmostiefen Lebenszyklus der Wiedergeburten fand ich nicht zutreffend für mich, denn auf dem Weg der Höherentwicklung war ich auf mystische Weise geführt worden.

Eine Skizzierung der Uryoga-Geistphilosophie [gemäß „Einführung des Autors"]:

Die kosmische Intelligenz, auch Gott genannt, erschafft die gesamte Erscheinungswelt des Universums und ist in allem als Urfeld vorhanden; auch der Stein ist geistig erfüllt.

In der Menschenwelt wird die Wechselwirkung zwischen der Persönlichkeit (Ichfeld) und der Umwelt (Umfeld) als das Ewig-Wandelbare bezeichnet; alles das umspannt die Schicksalsdynamik.

Der Mensch kann sein Schicksal (Karma) meistern durch eine Selbstentwicklung im Verlauf von Wiedergeburt zu Wiedergeburt, wie in den 196 Merksprüchen des Ur-Yoga beschrieben. Die Selbstwende von außen nach innen gipfelt im Urfeldbewusstsein, dem schöpferischen Einssein mit allem, genannt das Ewig-

Unwandelbare. Mit anderen Worten: Der Weise erlangt eine Unabhängigkeit von den Bedingungen des Ich- und Umfeldes.

Die Geistphilosophie setzt den persönlichen Lebenszyklus im Kreislauf der Wiedergeburten voraus: Niemand könne aus dem Prozess aussteigen. Der Weltuntergang würde einen Ausstieg aller bedeuten.

Zur Aurafotografie-Supervision der Autobiografie:
Die Aurafotografie-Supervision unterstützte meine Prozessarbeit im Verlauf eines Vierteljahrhunderts, wobei Denkirrtümer geklärt, Bewusstseinsetappen dokumentiert und vergleichende Entwicklungsprozesse den Bewusstseinsstrom lenkten.

Im Aurafotografie-Anhang ist in der Chakren-Farbtabelle des Aurafotografen Ralf Marien-Engelbarts das Prinzip der Computerkamera erläutert als eine Chakren-Momentaufnahme, die die äußere Kontaktgestaltung auf der rechten Fotoseite spiegelt, die innere Selbstempfindung auf der linken Fotoseite. Die zugrundeliegenden sieben Chakren sind in der Farbtabelle skizziert und farblich gekennzeichnet.

Ich glaubte, den Weg von außen nach innen bereits abgeschritten zu sein, wobei das erste Aurafoto, mit dem ich die mir bis dahin unbekannte Methode testete, als Bestätigung nahm:

Aurafoto vom 17.1.1995:
Außenkontaktseite: schwarzes Loch (keine Farbe); Innenseite: Kosmische Energie (weiß).

Dem erstaunten Aurafotografen erklärte ich das Foto als Folge eines durchlittenen Ausbildungsmissbrauchs: das schwarze Loch als Zerstörung meines Berufsleben und eine spirituelle Höherentwicklung im Überlebenskampf unter mystischer Führung.

Mein Höhenflug der bereits geleisteten Schicksalsmeisterung mittels spiritueller Höherentwicklung endete zum Schreibstart, denn eine Schreibblockade legte mich lahm.

Eine meditative Versenkung in die Uryoga-Merksprüche löste die Blockade nicht.

Letztlich landete ich bei den Träumen der Ausbildungszeit, wobei mich eine Traumbotschaft vom hinterhältigen Ausbilder zutiefst aufwühlte, subjektiv erlebt als Energieentladung, die im Aurafoto vom 23.9.1996 gespiegelt wurde.

Die explosionsgewaltige Kontaktherstellung zum Ausbilder lenkte meine Aufmerksamkeit auf das schwarze Loch des ersten Aurafotos vom 17.1.1995 als Hinweis, die fehlende Sozialdynamik nachzuarbeiten: die spirituelle Höherentwicklung als Weg von außen nach innen erwies sich als halbe Wahrheit; es fehlte die Klarheit im Außen.

2. Eine konstruierte Ausbilderbeziehung zur Schließung des schwarzen Lochs im Außen und eine Ausgestaltung des lebendigen Kosmossystems der KPTA für ein Leben im Jetzt (1995–2002)

In jahrelanger Wühlarbeit wurden die organisierten Intrigen des Ausbilders entschlüsselt, wobei das Traumleben der Ausbildungszeit eine wichtige Funktion ausübte.

Der Aurafotograf fasste diesen Prozess in seinem Gutachten folgendermaßen zusammen (Zitat):

„Im dritten Foto [23.9.1996] wird durch Gelb-Orange eine tiefgehende Auseinandersetzung mit sehr alten Blockaden und Mustern deutlich, diese ‚Verdauungsarbeit' findet im vierten Foto [14.10.1997] ihre Auflösung in harmonischen Farbtönen. Auf dem fünften Foto [24.2.1998] taucht zum ersten Mal Magenta auf der

inneren, linken Seite auf, das heißt, die spirituellen Erfahrungen wurden ins Leben integriert und ein sehr tiefes Gefühl von Urvertrauen und Selbstliebe bildet eine neue Basis."

Das Erstmanuskript wurde 1998 abgeschlossen, doch es war wegen Textkorrekturen nach jedem Erkenntnisprozess ein unlesbares Stückwerk.

Im Jahre 1999 überarbeitete ich das Manuskript mit einer konstruierten Ausbilderbeziehung, in der die Rollen Magie und Parapsychologie festgeschrieben waren. [Das Ausbilderschicksal lag noch auf Eis.]

In dem Aurafoto, das ein auswärtiger Aurafotograf anfertigte, wurde der nachempfundene Ausbilderkontakt bestätigt:

Aurafoto vom 15.9.1999:
Kontaktöffnung im Außen (Farbe Grün) und Erdung im Inneren (Farbe Rot).

Zu Weinachten 1999 schenkte mir ein Neffe das Buch *Wendezeit. Bausteine für eine neues Weltbild* von Fritjof Capra. Der Autor übertrug dynamische Zusammenhänge lebendiger Systeme auf verschiedene Bereiche, beispielsweise auf die Evolutionsentwicklung, Gesellschaftssysteme, Wissenschaften. Seine wissenschaftlichen Ausführungen kamen meinem logischen Denken entgegen, und initiierten die Überarbeitung der KPTA als lebendiges System, in dem spirituelle und soziale Qualitäten einander ergänzten.

Ich fertigte Übersichtstabellen an, in denen die spirituellen und sozialen Kategorien wertfrei aufgelistet wurden. Nach jeder Tabellenerstellung glaubte ich, im Chaos versinken zu müssen, doch nach Überschlafen ergab sich immer ein verbindender Sinn.

Mein Manuskript *Systembild des Lebens* wurde nach jeder Verlagsabsage korrigiert, doch zu meiner Pensionierung mit sechzig, im Jahre 2002, zog ich einen Schlussstrich unter die Schreibarbeit.

Ich verfügte über einen vorzeigbaren Sozialstatus und lebte endlich wieder von eigenem Geld.

Im Frühjahr 2003 besuchte ich meine Freundin der Kindheit in Miami. Die Welt hatte mich wieder.

3. Schocklösung im Exkollegenkreis, Kreation einer Rhythmuskonzeption zur Differenzierung der Tiefenebenen im Kosmossystem und eine kindliche Selbsterneuerung zum Schluss des Rhythmuswerks (2003–2005)

Am 17. Oktober 2003 fand die Trauerfeier meines ehemaligen Sozialhygienechefs der Universität Rostock statt, der mich beim Kreisarzt als Leiterin der Ehe- und Sexualberatungsstelle empfohlen hatte. Ich lag krank zu Bett, denn die Vorstellung, dass meine Kollegen diese Gelegenheit nutzen würden, um mich einstimmig als Versager zu verhöhnen, war unerträglich. Mein beruflicher Rufmord hatte inzwischen mein gesamtes Leben der Lächerlichkeit preisgegeben.

Am 17. November besuchte ich die Chefwitwe, denn ich weilte in Rostock anlässlich des Geburtstages einer Schwester. Die Witwe hatte noch zwei Kolleginnen dazugeladen. Bei diesem offenherzigen Treffen begriff ich, dass meine Welt seit dem Mauerfall stehengeblieben war; das Institut existierte nur noch in meiner Fantasie, es war längst abgewickelt.

Der Todesfall des Universitätsprofessors initiierte ein Kollegentreffen meiner beruflichen Anfangszeit am Institut für Arbeitshygiene, vor dem ich Angst hatte, mich lächerlich zu machen.

Auf dieses Treffen bereitete ich mich vor wie auf einen Kongress, um mich als zufriedene Rentnerin zu präsentieren und nicht, wie sonst immer, das Berufstrauma ins rechte Licht rücken zu wollen.

Das Exkollegentreffen wurde äußerst unterhaltsam, wobei alle Kollegen wieder Gesichter bekamen.

Danach verfasste ich eine Rhythmuskonzeption, in der die unterschiedlichen Tiefen der Biografie, Spiritualität und Bewusstseinsbildung im Kosmossystem berücksichtigt wurden. An jenem Tag der Konzeptionsbildung aus eigenem Erlebens wurde ich, telefonisch am 17. Februar 2004, vom nächsten Kollegentreffen ausgeladen, was mich nicht mehr nachhaltig umwarf.

Zwangsumstände in Hamburg, bedingt durch den Besuch einer intriganten Saunagruppe, die ich seit der Jahrtausendwende regelmäßig besuchte als Bewährungsfeld für ein selbstbestimmtes Leben, wurden zunehmend zur Qual, denn ich drehte mich im Kreise.

Zum Schreibschluss des Rhythmuswerks verfasste ich eine Einführung, in der die spirituell erlebten frühkindlichen Traumata als persönliche Frühstörung abgehandelt wurden, statt als spirituelle Projektionen im Zeitverlauf der KPTA.

Der Aurafotograf bescheinigte mir im Expertengutachten des Aurafotos zum Werksschluss „kindliche Reinheit".

Das Gutachten vom Aurafoto am 29.9.2005 (Zitat):
„Auf diesem Bild fällt sofort ins Auge, dass die Farben sehr stark in Pastelltöne tendieren. Dies ist oft bei sehr kleinen Kindern der Fall und wird als ein Zeichen von Durchlichtung gesehen. Die Verbindung zur Göttlichkeit ist hier sehr vorherrschend, und zwar nicht als mentales Konzept, sondern als ein tief innerlich erfahrenes Gefühl. Gerade die linke Seite zeigt ein sehr tiefes Grundgefühl an und die rosa-weiße Mischung spiegelt ein tiefes Vertrauen in das Leben und in die göttliche Liebe und Führung wider. Es ist aufgrund der tiefen Erfahrung unerschütterlich. Oft deuten diese Töne auch auf hellsichtige Wahrnehmung oder auf eine ausgeprägte Intuition hin. Der Mensch bekommt seine Kraft aus dem Innern, wie eine innere Kraftquelle, die keine Bestätigung von außen mehr braucht. Weiß ist die reale Erfahrung, mit allem eins zu sein. Es fällt auf, dass die Aura sehr geschlossen und harmonisch ist, was

ein Zeichen für ausgewogenen Energiefluss ist. Grün rechts ist eine sehr offene warme Art, auf Menschen zuzugehen, aber ohne die Tendenz, sich zu verlieren aufgrund des Violetts links. Violett und Rosa links und Grün rechts sind Zeichen eines starken Mitgefühls, die Heilungsfähigkeiten gehen sehr stark ins geistige Heilen und haben durch innere Reife eine andere Basis bekommen. Weiß steht auch für Weisheit und Erleuchtung. Die Aura macht einen leichten und in sich ruhenden friedlichen Eindruck. Wir haben sehr starke Gefühlsfarben, der Mensch bekommt seine Antworten aus dem Inneren. ‚Wenn ihr nicht werdet wie die Kinder‘ [Matthäus 18,3], die kindliche Reinheit und Weisheit ist zu erkennen.“

Das Aurafoto wertete ich als gelungene Selbstfindung.

Mit neuem Selbstbewusstsein rief ich einen Hamburger Lektor an, den ich im Buch *Mythologie* ausgeguckt hatte. Im Ersttelefonat entdeckten wir unsere Verbundenheit zur Uryoga-Geistphilosophie. Er war bereit, meine Autobiografie-Einführung durchzusehen. Danach hörte ich von ihm nichts mehr, da er aber meine weiteren Textfortsetzungen über Jahre entgegennahm, glaubte ich, dass er mich auf diese Weise bis zur Selbstfindung begleite.

4. Krisengeschüttelte Selbstfindung im Dauerstress eines intriganten Saunalebens, wissenschaftliche Nachzeichnung der KPTA und Nachvollziehung der Bewusstseinsrhythmen im Lebenslauf durch alle Zeiten und Tiefen für den Schlusspunkt einer persönlichen Individuation (2005–2015)

Die chronologische Skizzierung einer chaotischen Selbstfindung:

Zur Bedeutung mitmenschlicher Akzeptanz:
Die persönliche Entwicklung von kindlicher Selbsterneuerung bis hin zur Distanzierung von Zwangsumständen im Saunaleben gelang mithilfe von innerer Verbundenheit zum Hamburger Lektor. Unsere Erstbegegnung nach acht Jahren klärte Missverständnisse auf beiden Seiten und führte zu einer persönlichen Beziehung.

2005:
Nach Entdeckung der organisierten Teamintrige in der Frauensauna folgten blindwütige Kämpfe um Recht und Ordnung bis zur Flucht vor der Gruppenverfolgung in die Gemischtsauna.

2007:
Zum Start der Gemischtsauna wurden die Stammgäste von der Saunachefin vor mir gewarnt, doch ein Außenseiter gab mir Rückendeckung in feindseliger Saunagruppe.

2009:
Einrichtungsrenovierung und Inanspruchnahme des Alternativangebots „Frühschwimmclub in einer anderen Einrichtung" für die Selbstwende „Sport als Kraftquelle", danach wurde ich Clubmitglied mit täglichem Benutzerrecht aller Kurse nebst Sauna.

Bestehen der sportlichen Bewährungsprobe im Kurs „Aqua Cycling für Fortgeschrittene" unter anfänglicher Ablehnung von der Trainerin.

2010:
Ein klärendes Chefgespräch: Ich wurde überrumpelt, eine Petition an den Chef des Hauses zu unterschreiben zur Unterlassung einer Sauna-öffnungszeitverschiebung, erfuhr aber hinterher, dass die Unterschriftenliste für die Zentrale bestimmt sei, und witterte ein organisiertes Hausverbot. In der Aussprache mit dem Chef ergab sich, dass er von der wochenlangen Aufregung über eine Zeitverschiebung und von einer Liste nichts wusste, wonach die Saunachefin versetzt wurde. Man sagte mir, dass sie Saunaverbot habe, doch die Gruppenintrige lief weiter wie gehabt.

2011:
Wegen einer Fußpilzerkrankung folgte eine zehnwöchige Clubpause, in der ich Haltlosigkeit auslebte. Beim Auftanken in der Natur setzte ich mich mit meiner stabilisierenden Verstrickungssucht auseinander vor der Wiederkehr in die Saunagruppe, die nach vollzogener Kündigung der Clubzugehörigkeit wieder in den Mittelpunkt rückte.

Nach meiner Rückkehr ins Saunaleben schlug mir eisige Feindseligkeit entgegen.

2012:
Die Geheimwaffe der ehemaligen Saunachefin flog auf: sie hatte als Abteilungsleiterin der Sauna aus der Chefetage weiterhin die Saunagruppe unter Kontrolle. Inzwischen wog ich nur noch 43 Kilo. Als noch ein Krebsverdacht entstand, bekam ich in der Saunagruppe die Rollenzwangslösung gemeistert unter dem Aspekt, die Schreibarbeit noch zu Lebzeiten zu vollenden.

Statt einer Krebserkrankung wurden Dünndarmgeschwüre gefunden, die unter spezifischer Therapie rasch ausheilten. Anschließend fühlte ich mich topfit, da auch meine Selbstfindung in intriganter Umgebung gelungen war.

2013:
Erstbegegnung mit dem Hamburger Lektor, der seit dem Jahre 2005 alle meine Textfortsetzungen schweigend entgegengenommen hatte und nun meine Bitte um ein Gespräch erhörte. Wir trafen uns in einem Gartenlokal, wo er gestand, dass er meine Sendungen lediglich abgelegt habe, und staunte, wie sehr er mir als Textempfänger geholfen hatte mit der Vorstellung, er begleite mich bis hin zur Selbstfindung. Unsere Verbundenheit zur Uryoga-Geistphilosophie, die ich sonst mit niemandem teilen konnte, gab mir die Kraft, sein Angebot, meine Unterlagen einzusehen, abzulehnen unter dem Aspekt, die Selbstverantwortung für meine Schreibarbeit übernehmen zu wollen.

2014:
Die Überarbeitung des Erstmanuskripts (1998) mit neuen Prozessrhythmen und jeweils einer Überschrift lieferte ein Überschriftenverzeichnis, das ein Nachschlagen der bis dahin unübersichtlichen KPTA ermöglichte.

> *Auravideo vom 5.9.2014:*
> *ORANGE [2. Chakra] analytisch, intellektuell, detailorientiert, logisch, ehrlich*

2015:
Eine biografische Bewusstseinsspirale durch alle Zeiten und Tiefen führte zu einer posttraumatischen Individuation:

> *Auravideo vom 3.2.2015:*
> *DEEP GREEN [4. Chakra] balanced, social, teacher, love people, nature, animals*

Anschließend wurde mir klar, dass ich mit meinem Latein am Ende war.

Ein regelmäßiger Gesprächsaustausch mit dem Hamburger Lektor nahm seinen Lauf.

5. Der Große Plan der höheren Selbstentwicklung mithilfe der Existenzschläge des Ausbilders im Kosmossystem der KPTA und die Selbstfindung mittels geistiger Integration des Ausbildungstraumas im Schreibprozess (2016–2018)

Zur Ausgangslage:
Im Zeitverlauf der KPTA war die spirituelle Höherentwicklung analysiert worden, im Schreibprozess erfolgten die logische Nachzeichnung des Kosmossystems der KPTA und die Individuation. Doch die verschiedenen Bewusstseinsqualitäten ergaben kein Ganzes, daher bat ich den Hamburger Lektor um Unterstützung.

Die Erkenntnis des schwarzen Lochs des höheren Selbst:
Der Lektor interessierte sich für meine Biografie, die ich völlig überarbeitete. Dabei rückte meine integrierte Persönlichkeit zum Start der KPTA wieder in die Aufmerksamkeit:

Ich hatte im intakten Berufsleben Eigenständigkeit erworben, die mich im Zustand der gesellschaftlichen Entwurzelung – infolge der beruflichen Kompetenzaberkennung nebst DDR-Ausreise, Mauerfall und Scheitern einer beruflichen Rehabilitation – befähigte, mich geistig auf eine zukünftige KPTA zu konzentrieren.
Der Ausbilder diktierte in der ersten Kurswoche zunächst mein Verbot des Methodentrainings wegen einer frühkindlichen Entwicklungsstörung, doch nachdem sich meine Schreckstarre

angesichts seiner Demosession vor Begeisterung gelöst hatte, be-
scheinigte er mir ein entwickeltes Drittes Auge, ohne das Verbot
des Methodentrainings aufzuheben. Sein eiskalter Abschied zur
Abreise stellte dann die Weiche für eine spirituelle Höherentwick-
lung unter mystischer Führung.

Die biografische Ausgangslage „Drittes Auge", auch Stirn-Chakra genannt, kennzeichnete als sechstes von sieben Chakren eine integrierte
Persönlichkeit.

Die persönliche Reife eines Dritten Auges und das Verbot des Methodentrainings wegen einer Frühstörung kennzeichneten das Ausbildungstrauma.

Die spirituellen Transformationen eines frühkindlichen Traumas im
Zeitraum der KPTA hatte ich bisher als persönliche Entwicklungsstörung angesehen, doch die Rückbesinnung auf eine integrierte Persönlichkeit entschlüsselten sie als zugehörig zum Ausbildungstrauma:

Diese Verwechslung hatte mich angespornt, mein frühkindliches
Trauma zu meistern, um zum Methodentraining zugelassen zu
werden, doch alle meine spirituellen Erfolge hatten den Ausbilder
veranlasst, seine Zwangsmaßnahmen zu verstärken. Erstmals be-
griff ich den kosmischen Sinn unseres Zusammenspiels.

Die Transformationsentwicklung vom Dritten Auge/Stirnch-Chakra
zum Kronen-Chakra beschrieben H. und H. Korteweg in *Dem inneren*
Licht folgen (Zitat aus dem Kronen-Chakra):

„Wenn du in deinem Transformationsprozess so weit gekommen
bist, dass du durch deine Visualisationsfähigkeit deine eigene Zu-
kunft erschaffst, entsteht eine beständige Verbindung zwischen
dem Stirn- und dem Kronen-Chakra. ... Sie [die Person] lebt, als
wäre sie dauerhaft mit dem großen Plan verbunden."

Die Textüberarbeitung, mit Wissen der Transformationsentwicklung zum höheren Selbst/Kronen-Chakra, wurde gespiegelt im Auravideo vom 4.8.2016 mit einem dominierenden Kehl-Chakra (5. Chakra, Blau) in Verbindung mit dem Herz-Chakra (4. Chakra, Grün); wodurch die persönliche Höherentwicklung vom Herz-Chakra bis zum Kronen-Chakra (4. bis 7. Chakra) nachvollzogen worden war.

Auravideo vom 4.8.2016:
BLUE-GREEN caring, healer, helpful, supportive, loving

Mit dem Aurafotografen vereinbarte ich zum 14.9.2016 einen Termin für ein Aurafoto mit der Kamera, um Anfang und Ende der Schreibarbeit vergleichen zu können.

Die Kamera erwies sich als defekt. Im Ersatzvideo dominierten der Solarplexus (3. Chakra, Gelb) und das Sexual-Chakra (2. Chakra, Orange).

Auravideo vom 14.9.2016:
YELLOW-ORANGE creative, easy going, intellectual, philosophical, optimistic

Die Wende von den höheren Chakren (4.8.2016) zu den niederen (14.9.2016) hielt ich für einen Rückfall.

Beim Nachlesen des Solarplexus (3. Chakra) in *Dem inneren Licht folgen* von Kortewegs begriff ich über das Einführungszitat von Eva Pierrakos-Broch den Wendeprozess von der persönlichen Entwicklung zur spirituellen Selbstentwicklung im Kreislauf der Wiedergeburten, gemäß Zitat:

„Ich bin eins mit dem Leben: Dort existieren nicht nur alle Emotionen, sondern dort sind auch alle Faktoren aufgezeichnet und in der Tiefe beschrieben, die sich auf den gesamten Lebenszyklus

eines Individuums beziehen; die Bedeutung von früheren Leben,
von Verdiensten und von sogenannten Sünden, ja, alles ist dort
gespeichert – das ganze Buch des Lebens."

Der dominante Solarplexus im letzten Auravideo [14.9.2016] brachte
die Abwehr der spirituellen Höherentwicklung in Verbindung mit früheren Leben zum Einsturz, doch der Kreislauf von Wiedergeburten
blieb mir weiterhin fremd. Vielmehr beschäftigte mich die vorsätzliche
Existenzvernichtung des Ausbilders, die mithilfe der Auravideo-Com-
putertexte zum Fakt erhoben worden war.

Da sich auch jetzt kein Verlag für mein Schicksal interessierte, schickte
ich eine Kurzfassung meines Manuskripts an ein Psychologieinstitut,
dass mir im Januar 2018 schriftlich mitteilte, dass kein Ausbildungstrauma erkennbar sei. Diese Ungeheuerlichkeit gab den Ausschlag, das
Manuskript im Self-Publishing-Verlag „Books on Demand" (BoD) zu
veröffentlichen.

Nach getroffener Vertragsvereinbarung erfolgte ein Verlagsrückzie-
her wegen Nichtbeachtung des Datenschutzes der Ausbilder, die ich
alle namentlich benannt hatte.

Am Telefon verlor ich die Beherrschung über die Ungerechtigkeit,
dass kriminelle Ausbilder Datenschutz genossen und die Opfer das zu
berücksichtigen hatten. Meine Gesprächspartnerin ließ mich austoben.
Zum Schluss versprach sie, mein Problem mit ihrer Vorgesetzten zu
besprechen; jene schickte eine abschlägige E-Mail.

Nach Überschlafen kam die rettende Idee, die Ausbildungsgeschichte
ganz wegzulassen, und das Ausbildungstrauma nur über die Aufarbei-
tungsprozesse von mehr als zwei Jahrzehnten zu spiegeln.

Über die Schreibarbeits-Bewusstseinsrhythmen gelang – völlig un-
beabsichtigt – die geistige Integration des Ausbildungstraumas, die
eine selbstbestimmte Lebensführung ermöglichte; die Sucht nach einer
Fremdbestätigung war ausgestanden.

Im Auravideo war der Solarplexus (3. Chakra, Gelb) ohne persönliches

Begleitchakra zu sehen; Gelb durchstrahlte die Aura, nicht den Solarplexus (3. Chakra).

Auravideo vom 30.8.2018:
YELLOW creative, easy going, intellectual, philosophical, opti-
mistic

In *Mein Weg der Schicksalsmeisterung unter mystischer Führung. Von*
schicksalsschwerer Psychotherapieausbildung zu erlösendem Bewusstsein
(BoD, 2018) wurden alle Aurafotos/Auravideos abgebildet.

Die selbstbestimmte Lebensführung verwechselte ich mit der kosmischen Qualität einer Schicksalsmeisterung, doch mit der geistigen
Distanz zum Ausbildungstrauma war dafür eine wichtige Hürde genommen.

IV. Eine Skizzierung der KPTA mit emotionaler Distanz zur Persönlichkeitsvollendung dank Denkirrtümer: die spirituelle Höherentwicklung mithilfe des Ausbildungstraumas und die Schlusserhellung unbewusster Schockbehandlungen als Schicksalsmeisterung

1. Die Kennzeichnung der Denkwelt des Berufstraumas im Kosmossystem der KPTA

Zur Ausgangslage „Berufstrauma":

Nach der Kompetenzaberkennung als Psychotherapeutin in der DDR und der nachhallenden gesellschaftlichen Entwurzelung im geeinten Deutschland nahm ich die KPTA (1991 bis 1993) zum Zwecke eines beruflichen Neustarts auf.

Gleich in der ersten Kurswoche erfolgte mittels Rufmord „Muttertrauma" das Teilnahmeverbot am Methodentraining.

Zur persönlichen Entwicklung des Dritten Auges/6. Chakra folgte – unter mystischer Führung – der Rückzug in den Klientenstatus des Methodentrainings, gedacht als Übergangslösung bis zur Gruppenbildung, doch es wurde damit der Weg in eine spirituelle Höherentwicklung gebahnt.

Die vom Ausbilder oktroyierte Zwangsisolierung meiner Person und unaufhörliche Kontaktstrategien meinerseits zum Ausbilder, gedacht zur Rettung des Berufslebens, bedingten einen kontinuierlichen Spannungsanstieg im Miteinander.

Die Transformationsentwicklung vom persönlichen zum höheren Selbst wurde noch nach mehr als zwei Jahrzehnten Schreibarbeit auf das Ausbildungstrauma zurückgeführt. In *Mein Weg der*

Schicksalsmeisterung unter mystischer Führung. Von einer schicksals-schweren Psychotherapieausbildung zu erlösendem Bewusstsein (BoD, 2018) gelang die geistige Integration des Ausbildungstraumas mithilfe der Verlagsvorgabe, den Datenschutz der Ausbilder zu beachten, wo-nach die KPTA lediglich gespiegelt wurde über Schreibarbeits-Bewusst-seinsrhythmen.

Die Nachzeichnung der Ausbildungsgeschichte mit emotionaler Di-stanz [ohne Kenntnis des Ausbilderschicksals] vollbrachte die Voll-endung der Persönlichkeitsentwicklung vom Dritten Auge/6. Chakra zum Ausbildungsstart – über die kosmostiefe Transformationsentwick-lung hinweg – zum Kronen-Chakra/7. Chakra, gemäß Auravideo vom 3.7.2019.

Die Herausbildung des Kronen-Chakra bildete die Voraussetzung für die Wesenserfassung der Transformationsentwicklung, die im Großen Plan mit den geheimen Augenschreckschüssen des Ausbilders, die blitzschnell lähmen konnten, verbunden war: das Berufstrauma hatte alle Willenskräfte angespornt, um vom Ausbilder wertgeschätzt zu werden; eine gedankliche Kontaktbrücke als Halt am Rande des schwarzen Lochs.

Ein Blitzlicht der Schicksalsbeziehung mit dem Ausbilder ergab sich in der Mai-Schlusswoche, wo die Selbstvorstellung beim Ausbilder mittels spiritueller Selbstanalyse mit einer erstmals bewusst erlebten Schreckstarre beim Augenschreckschuss endete. Die rettende Kontakterneuerung zum Ausbilder gelang – wie ge-wöhnlich – durch die Schuldzuweisung des Desasters auf den Co-Intriganten.

Zum Autobiografiestart wurde mithilfe der Uryoga-Geistphilosophie die Transformationsentwicklung als Weg von außen nach innen wahr-genommen, als Wegstrecke hin zur vorbestimmten Schicksalsmeiste-rung. Ein Schreibschock zum Start der Schreibarbeit entschlüsselte das schwarze Loch im Außen des ersten Aurafotos (17.1.1995) als die abgespaltene Ausbilderbeziehung im Ausbildungszeitraum. Damit erwies sich der Sinn der Schreibarbeit zunächst als eine Wegstrecke von innen nach außen – bis hin zur geistigen Integration des Ausbildungstraumas.

Zur Textgestaltung:
Die ursprüngliche Beschreibung der KPTA mit emotionaler Distanz zum Ausbildungstrauma blieb unverändert.

In der Denkwelt wurde die spirituelle Höherentwicklung der ersten beiden Jahre (Kapitel 2 bis 4) auf das Methodentraining bezogen, mit Kursivschrift vom Gruppenleben abgegrenzt und jeweils mit einer Überschrift versehen. [Die gesetzmäßige Transformationsentwicklung, die sich aus der Überschriftenauflistung der spirituellen Höherentwicklung ergab, leitete in Abschnitt V die Erkenntnis der Schicksalsbeziehung mit dem Ausbilder ein.]

Im dritten Ausbildungsjahr erfolgte unter mystischer Führung die Untersuchung der spirituellen Erfahrungen auf eine gesetzmäßige Entwicklung, gedacht für geistigen Austausch mit dem Ausbilder. Ich lebte fortan in einer Geistwelt, in der das Gruppenleben hauptsächlich der Zielstellung diente, den Ausbilder in der Mai-Schlusswoche für meine Selbstanalyse zu interessieren.

Die Geistwelt bestimmte mein Dasein. Die spirituellen Erfahrungen wurden weiterhin kursiv gekennzeichnet, doch die Überschriften entfielen, wodurch das untrennbare Kosmossystem zur Geltung kommen konnte (Kapitel 5).

Die bewusste Schockentgleisung in der Mai-Schlusswoche leitete über zum Ausbilderabschied in der Dezember-Schlusswoche, um frei zu sein für eine berufliche Tätigkeit oder eine Autobiografie. Die Transformationsentwicklung bis hin zur selbstbestimmten Schreibarbeit wurde in den Kapiteln 6 bis 9 abgehandelt.

Der ursprüngliche Text der Darstellung des Ausbildungstraumas blieb erhalten, doch die Kapitelüberschriften wurden korrigiert mit kursiver Einblendung der Erkenntnisse des Schicksalsbewusstseins aus Abschnitt V – zur Kennzeichnung des untrennbaren Kosmossystems im Großen Plan der Schicksalsmeisterung.

2. Die Ausbildungsstartwoche mit Rufmord „Muttertrauma", Lob „Drittes Auge", striktem Übungsverbot, „Ausbilderbye-Schreckschuss" und im Kosmossystem: *„Höherentwicklung beim Üben als Klientin hin zur kosmischen Geborgenheit"* (1991)

1. Kurswoche:
Das Ausbildungsdrama nahm bereits am dritten Ausbildungstag Gestalt an mit meiner Entschuldigung für das Fehlen am Nachmittag, wobei mir der Ausbilder versprach, das Versäumte anderntags in einer Demonstrationsübung nachzuholen, was mich ganz aus dem Häuschen brachte in dem Glauben, damit die bereits im Vortraining erlittene Außenseiterrolle loszuwerden. Doch der Ausbilder schien anderntags sein Versprechen vergessen zu haben und ordnete eine Übung zu dritt an, in der sich jeder mit zwei Helfern nach Lust und Laune ausprobieren könne.

Von einer Übungseskalation zu dritt zur schicksalsschweren Supervisionsunterdrückung
Zunächst erfolgte mit einer Profi-Bauchtänzerin ein spaßiger Balanceakt. Ich lag auf dem Rücken mit auf dem Bauch angewinkelten

Beinen, darüber lag die Frau. Wir lachten immerzu, verloren aber nicht das Gleichgewicht. Mit Tiefenatmung bemühte ich mich, die Körperkompression zu ertragen. Als die Spannung zu groß wurde, ordnete ich Streckung an: Ich blieb liegen, die Balancefrau saß am Kopfende und strahlte mich an, indes die Dritte im Bunde bemüht war, meine gebeugten Beine am Strecken zu hindern, doch ich schob sie immer wieder weg, bis sie bockte. Mein Streckbedürfnis blieb unstillbar, daher ordnete ich einen Rollentausch der Frauen an. Im Blickkontakt mit der Frustrierten traf mich ihr eiskalter Blick zutiefst und wie aus heiterem Himmel fing ich an, sie aufs Ordinärste zu beschimpfen, wonach ich losschluchzte. Der Ausbilder nahm mich väterlich in seine Arme. In öffentlicher Nachbesprechungsrunde verhängte mir die Beschimpfte, eine Profi-Psychoanalytikerin, ein frühkindliches Muttertrauma, was der Co-Ausbilder eifrig bestätigte. Als ich den Übungsverlauf erläutern wollte, befahl mir der Ausbilder, den Mund zu halten und vor Schreck erstarrte ich.

In nachfolgender Demonstrationssitzung des Ausbilders verfolgte ich mit Begeisterung seine Übung, wonach ich mich noch in der Pause nicht vom Fleck rührte, ganz beseelt von dem Glück, einmal so arbeiten zu dürfen. Plötzlich stieg aus tiefsten Tiefen ein Freiheitsgefühl auf, wobei der Nacken laut knackte. In öffentlicher Nachbesprechung der Ausbilderdemo fragte ich eingangs, ob ich wieder etwas sagen dürfe. Der Ausbilder erklärte meine Fähigkeit zur Distanzschau als Wirkung des Dritten Auges auf der Mitte der Stirn. Seine öffentliche Wertschätzung nahm ich als Zeichen unseres Einvernehmens. Der Co-Ausbilder schikanierte mich weiterhin, doch ich setzte auf Zeit. Als ich mich nach der Woche frohgemut vom Ausbilder verabschiedete, schleuderte er mir ein eiskaltes „Bye!" entgegen, das mich in tiefe Verzweiflung stürzte.

Nach Wochen der Ausweglosigkeit wurde mit Hilfe einer spirituellen Anrufung eine Überlebensbrücke gelegt:

„Engelsanrufung" als Impuls für den Rückzug in die Klienten-
rolle des Methodentrainings
Im Zustand der Verzweiflung hörte ich in linker Schläfe Mutti
mit Engelsstimme meinen Namen rufen und vor Schreck verlor
ich meine Fassung, die ich erst beim stundenlangen Herumlaufen
wiedergewann. Die unfassbare Anrufung hatte meine Gedanken
bewegt, und dabei war die Überlebensstrategie „Rückzug in den
geschützten Klientenstatus" entstanden, denn als Klientin war
ich allseits willkommen. Da im ersten Jahr immer zwei Thera-
peuten mit einem Klienten arbeiteten, hatte ich einen Freiraum
in wechselnden Dreiergruppen, gedacht zur Überbrückung bis zur
Gruppenbildung.

2. Kurswoche:
Ich saß frierend auf dem Boden mit dem Rücken an der Wand, indes
die Gruppe zu zweit „Haltgebung" übte. Letztlich erbarmte sich eine
Assistentin, die mit mir übte – nicht ich mit ihr:

„Essenzielle Geburt" in regressiver Ersatzübung mit einer Assi-
stentin nebst Ausbilderbegleitung
Ich legte mich bäuchlings auf die Matte mit den Armen am Ober-
körper. Assistentin A setzte sich auf meine Oberschenkel, und re-
flexartig schoss mein Kopf nach hinten in die Höhe und ich japste
nach Luft wie beim ersten Atemzug, dabei festgekeilt am Becken-
boden vom Gewicht der Assistentin. Der Ausbilder riet mir im
Vorübergehen, den Atem kommen zu lassen, wonach ich erschöpft
auf die Matte zurückfiel. Nun setzte sich die Assistentin ans Fuß-
ende und hielt meine Füße an ihren Bauch, dabei entstand ein
gemeinsamer Atemrhythmus. Nach kurzem Aufschluchzen folgte
die Empfindung einer gemeinsamen Pulswelle im Mutterleib. Die
Hände lagen inzwischen neben dem Kopf und ein von den Hand-
gelenken ausgehendes Energiefeld – quer durch die Kiefergelenke –

wanderte abwärts zu Schulter- und Hüftgelenken. Als Licht im Kopf entstand, kam die Idee, dass die Energie auch die Sonne im Herzen einfangen könne, doch die Übung war zu Ende. Ich wagte nicht, meine irrationalen Erfahrungen mitzuteilen.

Anderntags widerfuhr mir im Methodentraining als Klientin mit Therapeutenpaar „Einssein mit Mama und Papa":

Höhepunkt frühkindlichen Einsseins mit Mama und Papa in Klientensession

Ich lag halbaufgerichtet, gehalten von einem über mir stehenden Mann an den Handgelenken. Im Blickkontakt mit ihm und angesichts seiner Aufforderung, mich auf die Atmung zu konzentrieren, ließ ich mich fallen. Die Frau saß im Rücken und stützte mich von hinten. Dieser Halt von beiden war reine Seligkeit. Später lag ich mit dem Kopf im Schoß der Frau, während der Mann sich zu meinen Füßen niedergelassen hatte. Es entstand ein gemeinsamer Bewegungsrhythmus durch wechselseitiges Drücken an Kopf und Füßen mit Blickwechsel von der Mama zum Papa und umgekehrt. Zum Übungsschluss stand ich auf eigenen Wunsch allein auf und die Eltern umarmten sich.

Im Vorfeld der nächsten Woche kam mir beim Liegen auf dem Sofa die Blitzidee, dass Loslassen an Wahnsinn grenze. Kaum gedacht, erlebte ich einen Lustrausch beim Penishalt:

„Penishalt-Transformation im Kinderbett" als Lektion fürs Stellen auf eigene Füße:

Im Kinderbett sitzend hielt ich mich fest an einem steifen Penis, was mich durch und durch erregte. Selig genoss ich den paradiesischen Halt – ohne die Präsenz einer Person. Erst allmählich tauchte ich aus dieser tranceähnlichen Verzückung auf und hielt

*mich dabei fest am neben dem Sofa stehenden Tisch. Als ich ganz
da war, erfasste mich abgrundtiefer Ekel, und ich beschloss, mich
auf eigene Füße zu stellen.*

3. Kurswoche, letzte Ausbilderbegegnung im ersten Jahr:
Für meine Klientensession „Aufrichtung" standen mir zwei
Frauen zur Verfügung.

*Klientensession „Aufrichtung im Schwerefeld der Erde" und
nachhallende Supervisionseskalation*
*Ich stand, eine Frau vor mir bot, wenn gewünscht, Halt, und eine
Frau im Rücken gab kraftvollen Widerstand. Ich preschte los, wobei mein Kopf wie eine Rakete in die Höhe schoss. Beim Strecken
und Verdrehen der Wirbelsäule wurde ich mit sicherem Widerstand von hinten abgefangen. Hände und Arme gebrauchte ich
nur, wenn ich mich an meine liebe Mama vor mir hängte, um
auszuruhen. Sie beobachtete mich aufmerksam, und als ich mich
ihr erklären wollte, meinte sie nur, ich solle im Prozess bleiben.
Als Assistentin B erschien, um mich abzulenken, polterte ich los:
„Lasst mich doch in Ruhe, lasst mir doch meine Luft zum Atmen."
Ich tobte mich gehörig aus. Zum Schluss lag ich erschöpft auf der
Matte, indes mich meine beiden Frauen verwöhnten.*

Beim nachfolgenden Rollenwechsel im Methodentraining weigerten
sich meine beiden Therapeutinnen, mit mir als Therapeutin zu arbeiten, auch nicht die durch Münzwurf Erwählte. Der Co eilte herbei,
verdonnerte mich pauschal zur Eigentherapie und übernahm höchstpersönlich meinen Arbeitspart. Hinterher fragte ich den neben dem
Ausbilder sitzenden Co, was er gemeint habe mit Eigentherapie, doch
an seiner Stelle murmelte der Ausbilder etwas von Gegenübertragung
ohne nähere Erklärung, wonach ich beide mit der Ansage verließ, wohl
mit der Ablehnung leben zu müssen.

Anderntags hielt der Ausbilder ein Seminar zum Thema Gegenübertragung und ich rätselte, ob er über den Co sprach, doch im Anschluss wurde ich noch nachdrücklich über die Wichtigkeit von Supervision unterwiesen.

Im Vorfeld der Co-Runde zum Jahresschluss widerfuhr mir ein Albtraum:

Traumbotschaft „Verrecken aus Angst vor unendlicher Weite"
Ich stehe voller Angst am Rande einer weiten Fläche, gleichsam eines Meeres aus Schaumgummi. Eine Selbsterfahrungsgruppe fährt auf einer Rolltreppe in die Tiefe, und erleichtert schließe ich mich ihr an. Dann bleibe ich in einem engen, finsteren Erdloch stecken. Im Wachsein beschäftigte mich nachhaltig die Angst vor den unendlichen Weiten.

Co-Runde zum Jahresschluss:
In der Klientensession zum Jahresausklang standen mir für das Thema „Angst vor den unendlichen Weiten" zwei Frauen zur Verfügung; wir waren ratlos und legten einfach los:

Zur Session des Jahres „Einssein im kosmischen Energiefeld als Urvertrauen im bodenlosen Raum"
Ich lag bäuchlings auf der Matte und wurde von den zwei Frauen an Kopf und Füßen auseinandergezogen, was sehr lustvoll war, da ich im passiven Zustand meine Kraft spüren konnte. Als die Frau am Kopfende die Lust verlor, legte sie sich quer über meinem Rücken, indes die andere sich ans Fußende setzte und behutsam meine Fersen hin- und herdrehte. Dieses Arrangement wurde beibehalten und Wunder geschahen: In der unteren Gestalthälfte entstand durch die passive Drehbewegungen der Beine und Hüfte ein starkes Energiefeld, dass sich über den Schultergürtel ausdehnte, dabei wurden die Hände riesengroß. Mit der Frau im Rücken entstand

zunächst ein gemeinsamer Atemrhythmus, dann die Empfindung einer grenzenlosen Rückenöffnung zum Kosmos, wobei Licht im Kopf blitzartig erhellte, dass Selbstöffnung der Körpergrenzen – durch Einssein im kosmischen Energiefeld – Urvertrauen im bodenlosen Raume zeuge.

Meine Jahresbilanz war niederschmetternd: Der Ausbilder hatte statt einer Gruppenbildung nur mein Arbeitsverbot im Sinn. Dieses Eingeständnis nahm mir alle Energie, und ich saß tatenlos im schwarzen Loch; auch die Tagebuchführung stagnierte.

3. Geistführung „vom Aufschrei im schwarzen Loch hin zum Ausbilderkontakt"; ein Überraschungs-Gruppenanschluss, Wohnproblemlösung und im Kosmossystem: *die Mutter Erde als Kraftquelle für strömende Selbstverbundenheit* (3. Semester)

Nach Auftanken in der Familie zu Weihnachten setzte ich einen Hilfeschrei an den Ausbilder ins Tagebuch und prompt kehrte die Energie zurück; die Energierückkehr blieb unfassbar:

Vom Ausbilderhilfeschrei im Tagebuch zur irrationalen Ausbilderkontaktwende
Nach abrupter Rückkehr der Energie infolge „Hilfeschrei an den Ausbilder" unternahm ich einen Spaziergang durchs Alstertal, bei dem ich schwungvoll die Wirbelsäule bewegte und dabei die Idee entwickelte, mich für die Herstellung des Kontaktes zum Ausbilder einzusetzen – trotz seiner Vorliebe für den Co; wennschon.

Silvester hatte ich so freigebige Nachbarn am Tisch eines Alsterdampfers, dass ich das Feuerwerk verpasste. Am Neujahrsmorgen wachte ich mit Brummschädel auf und lag mit zerschlagenem Rückgrat bäuchlings im Bett, wobei mir eine Selbstkreuzigungstransformation widerfuhr.

Selbstkreuzigungslektion „Gruppenkontakt zur Herzlösung"
Plötzlich strömte Energie von den Füßen durch die Wirbelsäule nach oben durch den Kopf, und ich hatte die Empfindung, eine Antenne zwischen Himmel und Erde zu sein. Eine gleichzeitige Verspannung in Brust und Schultergürtel bereitete mir derartige Qual, dass ich den Gegensatz zwischen vertikaler Pulsierung und horizontaler Verspannung kaum aushalten konnte. Nach einer Weile stand ich auf, um meine unverständliche Situation im Alstertal zu klären. Bereits in der U-Bahn begriff ich mein Dilemma: Der Kontakt zum Ausbilder war gewünscht, doch ich war nicht bereit, mein Herz für die Gruppe zu öffnen, die mich in der Klientenrolle verwöhnte und anschließend mit Füßen trat. Ich lief durchs Alstertal und stöhnte, denn Rachegefühle hatten mich im Griff. Doch gegen Ende meiner Wanderung kam die Erlösungsidee: Wenn ich mein Herz der Gruppe öffnete, wäre ich frei. Diese egoistische Zielsetzung öffnete mir den Weg zur Gemeinschaft. Ich kehrte heim mit dem festen Vorhaben, mich um Gruppenkontakt zu bemühen.

Mit der Aktivitätswende „Kontaktengagement zu Ausbilder und Gruppe" widerfuhr mir das widersinnige Geistbild „Sumpfgestalt", das außer Ekel nichts brachte:

Klare Kontaktziele und ein widersinniger Geistprozess „Sumpfgestalt":
Anstelle der Brust nahm ich einen stehenden Sumpf mit fauligem Wasser und Leichenteilen wahr. Im Becken quirlte ein gewaltiger Sumpfstrudel mit unverdauten Menschen: zwischen oben und unten befand sich eine undurchdringliche Schranke aus Querbalken.

Während der ganzen Zeit blieben Arme und Beine gut durch-
strömt und bildeten einen sicheren Rahmen der Sumpfgestalt. Ich
versuchte den Brustsumpf zu beseitigen, indem ich die mensch-
lichen Bruchstücke hinauswarf, was in der Vorstellung gelang,
doch der Sumpf ließ sich trotz Konzentration auf die Sonne nicht
trockenlegen.

4. Kurswoche zum Auftakt des zweiten Jahres:
Aus einer Arbeitssession wurde ich vom Co-Ausbilder wortlos geschubst, der dann mit neuem Konzept loslegte, wobei ihm noch Assistentin A aus der Patsche helfen musste. In der Nachbesprechungsrunde forderte ich den Co, der immer eifrig protokollierte, auf, zu
prüfen, ob er mich einmal in Ruhe hatte arbeiten lassen. Dieses Mal
gab mir meine Klientin Rückendeckung. Der Ausbilder griff ein, indem er meine Gefühlsechtheit lobte, und ich vergaß im Glücksrausch
meine Beschwerde.

Vom verwirrenden Ausbilderlob – über Schmerzerstarrung – zu erlösendem Gruppenkontakt

Meine Co-Beschwerde hatte der Ausbilder mit Lob abgetan, doch in
der Nacht quälte mich stundenlanger Herzschmerz, der erst nach
einer gewaltigen Stuhlentleerung nachließ. Morgens schmerzten
die Nackenmuskeln so stark, dass ich die kleinste Kopfbewegung
vermied. Mit starrer Kopfhaltung nahm ich in der Morgenrunde
Platz. Der Ausbilder empfahl mir, mich langsam umzusehen. Bei
Herstellung von Augenkontakt zu jedermann kamen Tränen der
Erleichterung und der Nacken wurde frei.

Am vorletzten Abend traf ich eine ehemalige Ostberliner Freundin, die
mich über die Stasi-Mitarbeit der Klinikleiterin unterrichtete, welche
zusammen mit dem Chefarzt meine berufliche Kompetenzaberkennung erwirkt hatte. Anderntags fragte ich den Ausbilder, ob er mir

behilflich sein könne bei meinem Vorhaben „Hilfsjob in London", denn ich verspürte das dringende Bedürfnis, eine Weile Deutschland zu verlassen. Der Ausbilder überreichte mir eine Londoner Adresse, und überglücklich reiste ich ab, denn wunschgemäß waren Ausbilder- und Gruppenkontakt gelungen.

Nach Heimkehr von der schönen Startwoche des zweiten Ausbildungsjahres wurde mein Wohnproblem gelöst: Einem zeitlich befristeten Untermietverhältnis folgte eine unbefristete Unterkunft bei einer Malerin, wonach mir bei einem meiner täglichen Spaziergänge durchs Alstertal irdisches Urvertrauen widerfuhr:

Naturerlebnis irdischer Selbstverbundenheit mit der Mutter Erde als Kraftquell
Plötzlich spürte ich beim Laufen durchs Alstertal die Erde als Kraftquell, und ein Gefühl des Urvertrauens bemächtigte sich meiner. Voller Wonne schluchzte ich auf.

Das Ganze erlebte ich wie einen Neustart nach den Wirren der Ausreise aus der DDR.

Die Co-Runde zur endgültigen Beziehungsklärung:

Der Co hatte unmittelbar vor meiner Arbeitssession meine Klientin in einer Privatsitzung durcheinandergebracht, und ich wehrte mich lange dagegen, das vom Co-Ausbilder angeheizte Problem zu übernehmen, bis ich kurz und bündig die Sache beendete. In der Schlussetappe, in der nur noch Verwöhnung anstand, wurde ich von Assistentin A zur Seite geschubst, die dann mit Streicheleinheiten loslegte. Danach verkündete der Co-Ausbilder in öffentlicher Runde meine vermeintlichen Therapiefehler. Im Anschluss ordnete er eine Gruppenübung an, in der ohne Gebrauch von Sprache Kontakt hergestellt werden sollte. Ich blieb verärgert auf meinem Fleck sitzen und ließ niemanden an mich heran. Die Stunde zog sich hin, zwei Mitstreiter richteten mich auf und ein Wunder geschah:

Herzerfrischender Gruppenzusammenschluss „Lachlawine" vor
den Augen des Co
Als ich mich im Raum umsah, entdeckte ich unweit von mir ein
Grüppchen auf dem Boden, packte mich dazu und brach über
meinen spontanen Gruppenanschluss in Lachen aus. Mein Lachen
brachte unser Grüppchen in Bewegung, und vor Freude ruderte
ich mit Armen und Beinen durch die Luft und brachte damit auch
die herumstehenden Einzelgänger zum Lachen. Die Gruppenbil-
dung „Lachlawine" vollzog sich ungestört vor den Augen des Co-
Ausbilders.

Auf der Heimreise frohlockte ich, denn mit Rückendeckung der Gruppe war es mir nun vergönnt, mich sachgerecht zu wehren, ohne im Stellungskrieg zu verrecken.

Nach Heimkehr übergab mir die Vermieterin das Buch *I Ging*, ein chinesisches Weisheitsbuch, das die Totalität der Welt in vierundsechzig Bildern mit je sechs Entwicklungsetappen darstellt. Im Wechselspiel der Naturkraft Yin und Lichtkraft Yang wurde ein unendlicher Rhythmus gezeugt, der die Fülle des Lebens widerspiegelte. Die Vermieterin zeigte mir noch, wie man mit drei Pfennigen sein persönliches Orakel werfen könne, wonach ich meine tägliche Tagebuchführung mit Orakelwurf abschloss. Endlich verfügte ich über geistigen Austausch.

Beim Brucknerkonzert in einer Kirche erlebte ich kosmische Geborgenheit:

Kosmische Yin-Yang-Selbstverbundenheit beim Brucknerkonzert
Irdische Töne und himmlische Klänge öffneten die Brust, und ich
genoss Geborgenheit zwischen Himmel und Erde, ganz und gar
durchdrungen von Yin und Yang. Seligkeit.

4. Ausbilderbomben „Gruppenspaltung", „Berufsverbot" und im Kosmossystem: *„spirituelle Naturgeburt"* und *„Selbstöffnung in Kosmostiefe"* sowie ein freiwilliger Gruppenaustritt selbst zum Preis des Berufsverzichts (1992)

Drei Tage vor der Halbzeitwoche widerfuhr mir der Traum „Augenausstechen":

Traumhandlung „Diebisches Augenausstechen und Zerstückelung des Täters"
Zwei Diebe kommen nach Hause; einer sticht im Vorübergehen mit gezielten Hieben einer am Baum lehnenden Person beide Augen aus, wird aber danach gefasst und zerstückelt.

5. Kurswoche: Die Ausbilderanweisung zur unwiderruflichen Gruppenspaltung
Der Ausbilder erwähnte den Gruppenzusammenschluss mit keiner Silbe, doch ich fühlte mich zum ersten Mal dazugehörig. Erst am Abreisetag führte der Ausbilder ein Seminar zur Diplomordnung durch, indem er wie beiläufig die geforderte Einzelselbsterfahrung zum Kompetenzkriterium erhob. Die Diplomordnung spielte für uns Teilnehmer der Grundausbildung keine Rolle, doch das Thema „Einzelselbsterfahrung" funkte, wonach eine Liste kursierte zur öffentlichen Situationsklärung der Teilnehmerkompetenz. In der Pause fragte ich den Ausbilder, ob meine in der DDR erworbene Gruppenselbsterfahrung angerechnet werden könne, woraufhin er mir eiskalt ins Gesicht sagte: „Niemand dürfe ohne Einzelselbsterfahrung therapeutisch tätig sein." Vor Schreck über die faustdicke Lüge weiteten sich meine Pupillen.
Gleich nach der Heimkehr trat ich einen vom Arbeitsamt vermittelten Zeitjob bis Jahresende an, der meiner Schaffenskraft eine Richtung gab: Die Vorgesetzten im Gesundheitsamt unterstützten mein selbst

gewähltes Aufgabengebiet „Aidsseminare in Betrieben", das mich herausforderte, denn von Aids hatte ich keine Ahnung. Nach einer Vorbereitungsphase sollten Experten aus Frankfurt meine Seminartätigkeit mit einer Aidswoche einleiten. Das Ganze rückte den Ausbildungswirrwarr in den Hintergrund.

Die Wertschätzung im Job tankte mich gehörig auf, und es entstand der Plan, das unsinnige Kompetenzdogma „Einzelselbsterfahrung" mit Vorführung der Co-Willkür zu kippen, wonach eine Traumbotschaft „Aufnahme bei den Erleuchteten" Zuversicht schenkte:

Traumbotschaft „Aufnahme bei den Erleuchteten"
Menschen bewegen sich würdevoll in weiter Landschaft. Alle tragen einen viereckigen Hut in Gestalt einer zur Erde hin geöffneten Schachtelhälfte, dazu tragen sie auf der Stirn ein Lämpchen, das nicht zum Sehen bestimmt ist. Ich bin dort mit einer Freundin; wir bekommen auch einen Hut, wobei uns feierlich zumute ist.

An einem sonnigen Wochenende ließ ich mich im Alstertal „am Flüsschen unter meinem Baum" nieder, wobei mir eine Naturgeburt widerfuhr:

Im Alstertal: „Geburt als Naturwesen"
Plötzlich hatte ich die Empfindung, im Mutterleib zu sein, wobei ich intensiven Rückenkontakt zur Mutter Erde verspürte; eine herrliche Baumkrone über mir als Plazenta. Lachende Menschen und Wassergeplätscher bereicherten meine embryonale Entrücktheit. Hin und wieder setzte ich mich auf, kroch aber jedes Mal zurück in meine Höhle. Plötzlich fiel Sonnenlicht durch das Blätterdach auf meine Stirn wie ein verheißungsvolles Licht des Geburtskanals. Ich umfasste meine Unterschenkel, rollte einige Male hin und her und stand auf; als Naturwesen hatte ich das Licht der Welt erblickt.

Gesprächsweise hatte ich vom Sprachenclub „Pro Linguis" gehört und wurde im Sommer Mitglied, wo ich fortan in einer Englischklasse soziale Geselligkeit genoss.

Eine Woche vor einer anstehenden Co-Runde widerfuhr mir im Konzert „Musik der Stille" die Selbstwende vom Herzkrampf zur Yin-Yang-Lebensfülle:

Yin-Yang-Lebensfülle im Konzert „Musik der Stille"
Anfangs fiel es mir schwer, mich auf die Musik einzulassen. Das Herz krampfte und die Gedanken kreisten. Plötzlich stieg ein vitaler Energiestrom von den Füßen aufwärts und klangvolle Töne fielen von oben in den Kopf. Im Gegenstrom wurde das dunkle Erdverbundene aufgetankt mit hellem Lichten. Ein ungeheures Gefühl der Fülle erfasste mich und hielt den ganzen Abend an: Yin und Yang in harmonischer Ergänzung; Wonne.

Co-Runde:
Der Co lieferte mir noch vor der Begrüßungsrunde ein Streitthema: Er warb für seine private Weiterbildung „Lichtseminare", und ich meldete mich, wohl wissend, dass er mich nicht dabei haben wollte. Seine Ablehnung begründete er mit meiner Nichteignung, denn er habe nur die Therapeuten angesprochen, was ich vehement verneinte. Am dritten Tag begründete er wichtigtuerisch seine Ablehnung im überfüllten Pausenraum, und ich konterte mit der Erklärung, dass mich seine Weiterbildung nicht interessiere, aber gerne wüsste, warum er am Vortag meine Arbeit unterbrochen habe. Ein Wort gab das andere, bis er – in Rage gebracht – laut verkündete, dass er als Leiter mit mir machen könne, was er wolle, woraufhin ich laut entgegnete, dass ich von ihm nun endgültig die Nase voll hätte und ab sofort auf eine Verständigung verzichten würde. Der öffentlich ausgetragene Streit verhallte in der Gruppe. Ich fuhr heim mit der Gewissheit, dass sich alle längst mit dem Co arrangiert hatten.

Zu Hause widerfuhr mir eine Geisttransformation in der Badewanne:

Geisttransformation „Die Augen als Schalter für innere Strömung oder Lichtbogen"
Im Wasser liegend, mit den Füßen auf dem Wannenrand, sah ich plötzlich einen Lichtbogen zwischen Fußzehen und Stirn. Wenn ich die Augen schloss, spürte ich ein beruhigendes Strömen im Körper. Der Augenschalter wechselte beliebig oft zwischen Lichtbogen und Körperstrom.

Die Aidsexperten bereiteten im Amt die Aktionswoche vor, und ich kam von zu Hause nicht weg wegen schrecklicher Übelkeit, bis eine gewaltige Stuhlentleerung mich erlöste:

Eine monströse Stuhlentleerung als blitzartige Befreiung von falschem Expertentum:
Die Darmentleerung klärte blitzartig falsches Expertentum: ich hatte den Kopf mit Aidsfakten vollgestopft, womit ich gesunde Zuhörer belehren wollte, ohne mich selbst betroffen zu fühlen. Meine arrogante Expertenrolle erschütterte mich zutiefst. Den ganzen Tag war ich am Wasser gebaut. Die auswärtigen Experten trösteten mich; sie hätten den Prozess auch durchlitten.

Glaubwürdigkeit statt Allwissenheit nahm mir in den Seminaren den Leistungsdruck. Die Teilnehmer applaudierten regelmäßig. Der herzerfrischende Arbeitsalltag löste eine spirituelle Selbstöffnung in kosmischer Tiefe aus:

Von Schlaflosigkeit zur Selbstöffnung in Kosmostiefe mit Hinweis auf den ewigen Lebenszyklus
Zunächst konnte ich nicht einschlafen, dann hatte ich die Empfindung, als zöge mich die Erde an, als sei ich im Grab der Mutter,

als sei ich gleichzeitig im Grab der Mutter und mit ihr im Kosmos vereint, wobei mich ein Glücksgefühl durchflutete. Die Grube war leer, dunkelblau und atmosphärisch geladen. Plötzlich stand ich breitbeinig über der Grube, zeigte meine großen, warmen Schamlippen und sagte: „Schau her Mutter, ich bin eine erwachsene Frau. Zum Teufel mit deiner Prüderie!" Blitzschnell pendelte ich zur Grube des Vaters und wiederholte meinen Aufruf. Im Hin und Her öffnete sich der Körper weit von unten, und schließlich erlebte ich pulsierende Schamlippen zwischen Kopf und Körper, verbunden mit der Botschaft, dass Erde und Tod Ewigkeit und Trost seien. Das Ganze blieb unfassbar, schenkte aber Zuversicht.

6. Kurswoche; die letzte des zweiten Jahres:
Zur Herstellung von Ausbilderkontakt bewarb ich mich als Klientin seiner Ausbilderdemo: In der Demonstrationsübung saßen wir uns gegenüber. Der Ausbilder bombardierte mich mit Fragen zur kindlichen Mutterbeziehung, und ich wurde immer hektischer, um endlich ins Dasein vorzustoßen, doch er hakte immer wieder nach. Erschöpft lag ich zum Schluss auf der Matte und sagte, dass die ganze Welt verrückt und ich ein Teil des Ganzen sei. Er schaute mich lieb an und sagte, dass mein Gesicht strahle. Erst hinterher begriff ich das inszenierte Rollenspiel zur Demonstration eines Muttertraumas und gab mir die Schuld, mitgespielt zu haben.

Beim Abschiedsbier mit einem vertrauten Mitstreiter bekam ich die Rückmeldung, dass er – im Gegensatz zu anderen – meine Session mit großem Interesse verfolgt habe, denn meine Selbstbehauptungskämpfe mit der Mutter seien ihm vertraut. Unser Gespräch nahm mir das Gefühl, mutterseelenallein auf der Welt zu sein.

Bis zum Jahresende genoss ich als Seminarleiterin herzerfrischende Aufmerksamkeit.

Die Co-Runde zum Jahresschluss:

Am Abreisetag ergab sich ein Supervisionszwischenfall: Wir übten alle zu zweit „Hingabe", als plötzlich Tumult entstand. Der Co hatte hartnäckig einen entspannten Studenten aufgefordert, seine Rolle zu wechseln, und dessen Drohungen überhört, bis der Gegängelte hochsprang und ihm eine Ohrfeige verpasste, wobei die Brille von der Nase flog und zersprang. In der Mittagspause danach war ich mit dem Studenten unterwegs, doch der war nicht in der Lage, seine Wut zu zügeln. Hinterher eröffnete ich die Aussprache mit dem Vorschlag, dass zuerst die betroffenen Männer sich äußern sollten, doch der Co sagte nur, dass er gar nichts sagen würde, woraufhin sich die Gruppe ereiferte. Als dann noch Assistentin A vom Studenten eine Entschuldigung verlangte, war meine Toleranzgrenze erreicht:

Selbstbestimmter Gruppenaustritt mit Verzicht auf Ausbildungserfolg und Berufsleben
Voller Empörung über das Tribunalverfahren eines Co-Widersachers ohne Erwähnung der Supervisionseskalation verließ ich den Raum, wohl wissend, dass damit ein beruflicher Neustart so gut wie verspielt worden war.

Bilanz des zweiten Ausbildungsjahres:

Zum Jahresende lief der herzerfrischende Job aus, der mir geholfen hatte, den gnadenlosen Ausbildermissbrauch zu überstehen.

Inzwischen hatte ich die Hoffnung begraben, mit Körperpsychotherapie beruflich neu durchzustarten.

5.   *Urtiefe Gestaltungsprozesse begleitend zur analytischen Aufarbeitung der spirituellen Höherentwicklung für ein Ausbildergespräch:* **Ausbilderkontakt in der Mai-Schlusswoche mittels „bewusstem Energieschock beim Augenvolltreffer" (5. Semester)**

Im Zustand der Verzweiflung widerfuhren mir „Engelsanrufung" und zwei Tage später, beim Hören einer CD mit Orgelmusik, eine „Teufelstransformation". Beides zusammen gab den Impuls, die spirituellen Erfahrungen der Vorjahre auf eine gesetzmäßige Entwicklung zu untersuchen:

„Engelsanrufung" und „Teufelstransformation" für eine Geistwende im letzten Ausbildungsjahr
Eine Engelsanrufung mit Muttis Stimme in rechter Schläfe verursachte die Öffnung der Schädeldecke zum Kosmos und, zwei Tage später, widerfuhr mir die Transformation einer Teufelshälfte: zunächst bildete sich ein starkes Magnetfeld zwischen den Hüftgelenken, dann entstand ein gewaltiger Urstrudel zum Urgrund und daraus eine untere Teufelshälfte mit Bocksbeinen und Schwänzchen.

Die Selbsterfahrung von Himmel und Hölle weckte die Idee, die spirituellen Daten auf eine gesetzmäßige Tiefenselbstentwicklung hin zu untersuchen; gedacht für geistigen Austausch mit dem Ausbilder. Ich hatte gerade die in der Ausbildung empfohlenen Bücher *Die drei Augen der Erkenntnis* von Ken Wilber und *Die heilende Berührung* von Dr. Malcolm Brown gelesen, die mir zur geistigen Orientierung helfen konnten; Wilber für den Umgang mit spirituellen Daten und Brown zur Festlegung der Entwicklungsetappen.
   Der Zeitplan der spirituellen Selbstanalyse war straff: in der Eröffnungswoche des letzten Jahres (7. Woche) sollte der Ausbilder für das Vorhaben gewonnen werden und in der Mai-Schlusswoche (8. Woche)

war die Übergabe für Geistaustausch vorgesehen, damit in der Dezember-Abschiedswoche (9. Woche) alle Missverständnisse zwischen uns ausgeräumt seien.

Der erste Akt der Büroarbeit war technischer Natur. Es galt, die Tagebücher der Ausbildungszeit abzutippen. Nach hurtigem Start musste ich erst einmal innehalten, eine solche Wut packte mich über die Notwendigkeit einer Verteidigungsschrift.

Bei „Tipprückschau des ersten Ausbildungsjahres" widerfuhr mir eingangs die Transformationslebendigkeit als Krebs:

Als Naturwesen „Krebs mit Brustpanzer und gewaltigen Krebsscheren" lief ich kraftgeladen quer.

Mitte Januar lag ich mit unerträglichen Schmerzen an der hinteren Brustwand hellwach im Bett, als ich – allein in der Wohnung – Geräusche hörte:

Plötzlich hatte ich die Empfindung, zwei Männer seien im Raum, die mich töten wollen; deutlich spürte ich deren Hauch. Stundenlang verharrte ich in Erwartung meines Schicksals, bis ich Mut bekam, die Wohnung zu untersuchen, in der niemand weiter war. Beim Morgenkaffee, mit Blick in den sonnigen Garten, löste sich meine innere Anspannung: Die gesamte Gestaltvorderseite begann zu strömen, sogar die Augen.

Beim Abtippen des Tagebuchs kam Zuversicht auf, die Opferrolle mit der Selbstanalyse besiegen zu können. Eine Woche später erlitt ich eine knochentiefe Krise:

Ich lag mit eiskalten Beinen, enger Brust und Kälte in den Knochen im Bett, doch beim Morgenkaffee, mit Blick in den sonnigen Garten, begann die Vorderseite von den Zehen bis zu den

Haarwurzeln zu strömen und dabei erfasste mich Selbstvertrauen: Notfalls würde ich auch ohne Bestätigung des Ausbilders zurechtkommen.

In der Tipprückschau war das erste Ausbildungsjahr – mit Hoffen auf Gruppenbildung bei intendierter Zwangsisolierung – nachvollzogen worden. Die freischaffende Tätigkeit verschaffte Selbstbewusstsein:

Zwei Tage später fühlte ich mich durch und durch frisch, erfüllt von Frieden, doch es folgten Albträume und Transformationsprozesse im Tagesrhythmus: Vom Traum „Geschicktes Abschlachten mit machtvollen Versprechungen" zu Transformationen der Mitte, wobei Zwerchfell, Ellbogengelenke und Knie eine kosmisch leere Verbindung zu Gestalthälften herstellten; vom Traum „Schamvolle Selbstverleugnung aus Loyalität zu Experten" zur starken Energetisierung der Brust. Am Folgetag kam im Entspannungszustand ein kaum auszuhaltender Schmerz in den Sprunggelenken auf, der wie beim Erdbeben zähe Ströme freisetzte mit Rückstoßkraft, subjektiv erlebt wie das Grollen der Erde. Es folgte ein Traum mit betriebsamer Zerrissenheit nach versäumtem Urlaubsanschluss, wonach ich mich den ganzen Tag schlapp fühlte – bei weicher Durchflutung der Gestalt einschließlich der hinteren Brustwand, gefolgt von strömender Erregung mit Stopp an der Rumpf-Kopf-Grenze.

Zum offiziellen Ausbildungsprogramm gehörte Peergruppenarbeit, je nach örtlichen Gegebenheiten: „Wir vier Hamburger Peers" hatten bis dahin keine Verständigungsprobleme, obwohl die drei anderen ihre Einzelselbsterfahrung bei Co-Ausbilder und Assistentin B absolvierten. Beim aktuellen Treffen wurde ich eiskalt empfangen mit der Forderung, einer Co-Supervision unserer Peergruppe zuzustimmen oder zu gehen. Ich nahm den Rauswurf an, erreichte aber noch eine

Peergruppensupervision vom Ausbilder. Nun hatte der Ausbilder gleich zwei Co-Zwischenfälle zu verhandeln; die Supervisionsohrfeige und die Peergruppenerpressung.

Co-Zwangsgedanken wurden gelöst durch die Transformation „Schüttelanfall wie Erdbeben":

> *Die Co-Allgegenwart provozierte einen Schüttelanfall heftig wie ein Erdbeben, das die Gedanken löste und den Ausbildungsmissbrauch relativierte durch Einblendung der Wirklichkeit: in aller Weltöffentlichkeit wurde Völkermord praktiziert.*

Die Tipparbeit war auf dem Laufenden und bis zur Eröffnungswoche des dritten Jahres, die noch in die Selbstanalyse aufgenommen werden sollte, pausierte ich. Beim Nichtstun ereigneten sich die Selbstprozesse „vom Krebs zur Gestaltschwere" und „vom visionären Gruppenbild des Schreckens zum London-Auszeitplan":

> *Eingangs eine Krebstransformation mit erschlafften Extremitäten, was mit der Gedankenwelt des möglichen Berufsverzichts konform ging. Am Folgetag erfasste mich eine totale Gestaltschwere, die irdische Geborgenheit erzeugte, wobei eine Vision von der Ausbildungsfamilie auftauchte: Der Co als Mutter mit zu vielen Kindern völlig überfordert, der Ausbilder als Vater selten da und wenn, interessierte ihn nur seine Ehe und ich, als Asylantenbalg, wurde von allen herumgeschubst. Die Anschauung der Verstoßung als Asylantenbalg traf ins Herz, und ich beschloss den Rettungsplan „Londonauszeit".*

Die Londoner Adresse des Ausbilders hatte nichts gebracht, doch inzwischen war die Möglichkeit einer dreimonatigen Jobsuche im Ausland mit Unterstützung des Arbeitsamtes ins Auge gefasst worden, was nun Gestalt annahm: Gleich nach Übergabe der Selbstanalyse an den

Ausbilder in der Mai-Schlusswoche sollte es losgehen; zur Erholung vom Analysestress und zur Selbstrettung.

Am Vortag der Eröffnungswoche des letzten Jahres widerfuhr mir eine Schauerwellen-Selbsttransformation:

Vom Kreuz aus durchrieselten Schauerwellen die Gestalt diagonal hoch bis zur Stirn, dabei alle Hindernisse bewältigend. Neu war die Intensität der Schauer, die auch den Augenbereich erfassten, doch der Hinterkopf blieb verschont.

7. Kurswoche *[Augenschreckschuss-Transformationserleben]*:
Der Co-Ausbilder leitete die ersten beiden Tage: er empfing mich in Begleitung von Assistentin B strahlend auf der Treppe zum Umkleideraum. Gutgelaunt legte er in seiner Begrüßungsrunde nach: Er sei inzwischen vierzig Jahre alt und erwachsen geworden. Um sein Glück auszukosten, würde er am liebsten hundertundzwanzig Jahre alt werden. Abschließend verkündete er, dass die Angelegenheit mit dem Studenten Chefsache sei. In der Pause erfuhr ich, dass der Student bereits gefeuert worden war. Mein Versuch, die Gruppe für eine Problemaussprache zu gewinnen, scheiterte. Am Abend bekam ich Panik, denn mit meinem Eifer war ich auf dem besten Weg, auch gefeuert zu werden.

In der Morgenrunde des zweiten Tages übte ich Selbstkritik: Ich sei dabei, mich zum eifrigen Vertreter des Studenten zu qualifizieren, was mir nicht behage. Ich sei schon aus der Peergruppe gefeuert worden und würde den Ausbilder um eine Peergruppensupervision bitten. Meine öffentliche Erklärung entspannte mein Dasein in der Gruppe.

In einer Klientensession thematisierte ich mein persönliches Ausgrenzungsproblem, und meine mitfühlende Partnerin wurde nachdenklich.

Der Ausbilder erklärte in seiner Begrüßungsrunde am dritten Tag, dass der Student bis zur Prüfung bestimmter Sachverhalte, die er aufzählte und höchstpersönlich untersuchen würde, suspendiert sei. Obwohl alle wussten, dass jener bereits gefeuert war, ging man stillschweigend zur Tagesordnung über. Der Ausbilder befürwortete überdies meine Bitte, sich unseren Peergruppenkonflikt anzuschauen. Des Nachts erlebte ich im Traum glückselige Animaliebe:

Beim Autounfall auf hoher Brücke wurden ich und die Anima-Beifahrerin aus dem Auto geschleudert, wonach wir beide schwerelos und eng umschlungen über einer schönen, bunten Welt schwebten; Seligkeit.

Anderntags war mir der arrogante Co so zuwider, dass ich mir ein Mittagessen gönnen musste. Als ich beim Italiener mein Essen bestellt hatte, kam der Co im Eilschritt an meinen Tisch mit der Forderung, meinen Platz zu räumen, wobei ich abdriftete:

Ich saß im Kinderbett, umringt von Riesen, wobei mich der eiskalte Blick der Mama in Angst und Schrecken versetzte. Ebenso blitzschnell kehrte ich zurück ins Dasein beim aufmerksamen Blick des Ausbilders in dem Moment, als mir ein Kellner seine Hilfe anbot.

Ich hatte den Ausbilder nicht kommen sehen und hielt ihn für meinen Retter, räumte aber freiwillig das Feld. In der Nacht wurde ich von Panik erfasst bei der Vorstellung, die Kontrolle wegen frühkindlicher Störungen zu verlieren, was unweigerlich meinen Rauswurf zur Folge gehabt hätte. Nach stundenlanger Ausweglosigkeit erinnerte ich den seligen Animatraum und bekam Mut, meinen Augenbann in der Klientensession am Vormittag aufzuarbeiten.

Am inzwischen 6. Wochentag sagte ich dem Ausbilder im Vorübergehen noch vor der Morgenrunde, dass mir im Restaurant eine Desintegration widerfahren sei, ich mich aber wieder okay fühle.

Meine Therapeutin kannte ich schon als liebe Mama, doch jetzt erlebte ich sie beim Gegenübersitzen ohne Körperberührung mit

eiskalten Augen, die ich nur kurzzeitig ertrug. Sie ließ mir Zeit,
ihren Blick auszuhalten und mich mit geschlossenen Augen zu
sammeln; im steten Hin und Her. Als sie unverhofft meine Finger
zärtlich berührte, verlor der Augenbann schlagartig seine Wirkung
und glückselig trompetete ich los: „Ich bin frei!"

In der Mittagspause lief ich wie neugeboren durch eine schöne bunte
Welt. Anschließend kletterte ich auf einen hohen Stapel von Matten,
auf dem ich ausgelassen zur Nachmittagsmusik herumhüpfte, doch für
den mir gegenübersitzenden Ausbilder blieb ich Luft und auch für alle
anderen; beschämt stieg ich wieder hinab.

Am vorletzten Tag wurde ich von Assistentin B aus meiner Arbeit
gerissen, die neu loslegte, doch meine Klientin hielt die ganze Zeit über
Augenkontakt zu mir, wobei meine Vorderseite wunderbar strömte; so
erlebte ich erregenden Augenkontakt als Vertriebene.

Am Abreisetag erfolgte die Peergruppensupervision, die der Ausbilder nicht – wie versprochen – persönlich übernahm. Er ließ sich von
Assistentin B vertreten, die die Problemverleugnung „Co-Erpressung"
stellvertretend ausführte. Der Ausbilder bezog Stellung in öffentlicher
Runde, indem er meine Bereitschaft zur Weiterarbeit lobte, die Weige-
rung der Peergruppe tadelte, mich von Peergruppenarbeit befreite, aber
noch ein Treffen zu viert für eine mögliche Verständigung anordnete.
Seine öffentliche Wertschätzung nahm ich gleich in der Gruppenrunde
zum Anlass, ihn von meiner Selbstanalyse zu informieren, die er als Belegarbeit mit zehn Seiten befürwortete. Im Glücksrausch fuhr ich heim.

Zu Hause lag ich krank zu Bett. Mir war, als wenn sich Rotz in Kopf
und Luftröhre lösten. Eine Wärmflasche unter den Schulterblättern
brachte Linderung, wobei mich Dankbarkeit für den Ausbilder, der
mir die Freiheit geschenkt hatte, erfüllte.

Das angeordnete Peergruppentreffen war blitzschnell erledigt mit
eiskaltem Abschiedstritt. Im Nachhall widerfuhr mir die Transformation „Spinne":

Eingangs die obere Körperhälfte als Krebs mit Scheren und Brust-
panzer, wonach im Zeitlupentempo eine Umwandlung in eine
Spinne mit langen pelzigen Beinen erfolgte.

Die Panzerlösung konnte ich nachvollziehen, doch die Spinne verstand ich nicht.

Bei Strukturarbeit der spirituellen Entwicklung kam ich unter Druck: die spirituelle Fülle erregte das Herz, aber sie musste auf zehn Textseiten gebannt werden. Nach fünf Tagen hatte ich das Problem gelöst, indem im Text „Transformationsüberschriften der chronologisch durchnummerierten Daten" zur Anwendung kamen, die im Textanhang ausführlich beschrieben wurden.

Bei Betrachtung des Geistbildes „Sumpfgestalt" begriff ich die durchschlagende Bedeutung kosmischer Transformationen, die von der Gedankenwelt unbeeinflusst blieben: Die ekelerregende Selbsterfahrung „Sumpfgestalt – mit Brustsumpf und Sumpfstrudel im kleinen Becken" – war mir zum Start des zweiten Ausbildungsjahres widerfahren, als ich eingestellt war auf Kontaktherstellung zu Ausbilder und Gruppe. Inzwischen erarbeitete ich eine Selbstanalyse, um als Außenseiter mit dem Ausbilder ins Gespräch zu kommen. Die Prozessklärung führte jetzt zur Ekelüberflutung, und ich musste die Arbeit unterbrechen, las das Buch *Wanderer* von Hermann Hesse und sabberte abends am Bettzipfel wie ein im Stich gelassenes Baby. Am nächsten Abend betrank ich mich in Gesellschaft des Neffen, wonach ich mit Brummschädel die Arbeit fortsetzen konnte. In einer Arbeitspause widerfuhr mir die Transformation „Schnecke mit Haus":

Die untere Gestalthälfte bildete ein Muschelhaus wie eine spitze
Eistüte: die Basis aus dem Zwerchfell und die Spitze aus den Fü-
ßen. In diesem Gehäuse lebte eine weiche Schnecke mit sensiblen
Fühlern, die sich ins gefährliche Leben wagte, aber jederzeit ins
eigene Haus flüchten konnte.

Mit erworbener Selbstsicherheit erschloss sich mir der Sinngehalt der Transformation „Spinne" nach Heimkehr aus 7. Woche: der Ausbilder hatte die Peergruppensupervision an die Assistentin B delegiert, die die Problemverleugnung „Co-Erpressung" stellvertretend ausführte, wonach er öffentlich meine Peergruppenfreistellung mit Lob bedachte, ein nochmaliges Treffen zur Prüfung möglicher Zusammenarbeit anordnete, das aber nur den Rauswurf unterstreichen sollte.

Nach Sachklärung der Verwirrumstände beschäftigte mich drei Tage lang meine biografische Entwicklung, die der Ausbilder in der 1. Kurswoche mit der Diagnose „Drittes Auge" gewürdigt hatte. Die Rückbesinnung auf meine biografische Wurzel vertiefte das Schauerwellen-Selbstfundament und gipfelte in einer Teufelsvision mit furchterregenden Augen:

Aus zwei hellen Flecken, die zu einer matten Fläche verschmolzen, entstanden zuerst zwei ganz wild funkelnde Augen, und schließlich blitzte mich ein von innen her strahlendes Teufelsgesicht mit zottigen Umrissen an. Der Schreck darüber war kurzzeitig wie die Vision, doch die Wirkung – eine Energieentfesselung in Brust und Schultergelenken – hatte Bestand.

Eine Stunde vor dem Reisestart zu einer Co-Runde widerfuhr mir eine kosmische Selbsttransformation:

Plötzlich öffneten sich die Gelenke von oben nach unten, von den Kiefergelenken hinab zu den Füßen, je mit kosmischer Leere in den Gelenksspalten, dabei wirkte die Brust als Energiezentrum.

Co-Runde mit Diktaturausrufung:
Der Co erklärte in seiner Eröffnungsrunde, dass der Ausbilder die Rückkehr des Studenten genehmigt hätte und er höchstpersönlich diese verboten habe. Ich konnte mir nicht verkneifen, auf den Zeitraum seiner Stellungnahme hinzuweisen.

Die obligatorische Nachmittagseinstimmung mit Bewegung nach Musik wurde abgestellt zugunsten von Runenübungen, in denen der Co den Vorturner spielte. Als dann noch nach Vorgabe „Langsam durch den Raum gehen!" die Gruppe im Gleichschritt marschierte, schüttelte ich mich im Hintergrund gehörig durch.

Am Abreisetag kam mir in einer Gruppenmeditation meine Anima aus der Sonne entgegen:

Vor meinem inneren Auge entstand eine Gebirgslandschaft mit Wildbach in der Tiefe und einer Hängebrücke, auf der ich stand. Aus der Sonne trat ein junges Mädchen in luftig-weißem Kleid, braungebrannt und barfüßig, meine Anima. Sie kam mir entgegen und umarmte mich auf der hohen Brücke, mein Herz strömte über.

Noch auf der Heimreise im Bus spürte ich intensiv die Wärme der Anima, was eine irdisch-kosmische Selbstverbundenheit auslöste:

Beim Nacherleben der Animaliebe steckten plötzlich die Beine von den Füßen bis zu den Knien in einem Energiewürfel, der Kopf öffnete sich weit zum Kosmos und das Herz pochte freudig – inmitten einer anonymen Reisegesellschaft.

Die Empörung über den Diktator endete nach Tagen mit einer Situationsklärung: der Co hatte meine soziale Kompetenz widerspruchslos ertragen und der Ausbilder wird meine Selbstanalyse zur Kenntnis nehmen müssen.

Nach Objektivierung einer gesetzmäßig verlaufenden Tiefenselbstentwicklung widerfuhr mir ein Transformationsprozess „vom Spüren des frühkindlichen Vatermissbrauchs bis zur Offenbarung einer anstehenden Hauptintegration":

Zuerst entstand ein Krebs mit Weichheit unterm Panzer und

weichen Augen, gefolgt von einem Embryo mit erregtem Rücken und weicher Stirn. Flüchtige Erscheinungen von Skorpion und Teufel wurden abgelöst von einem sich gemütlich sonnenden Tiger. Der Tiger lag gelöst auf dem Rücken und seine großen Tatzen ruhten auf der Brust; besonders beeindruckend waren ein je entspannter Schulter- und Beckengürtel und ein kräftiges Gebiss; ein schläfriger Genießer. Plötzlich kuschelte ich mich mit dem Rücken an Vatis Bauch und spürte dabei sein steifes Glied, indes er mir Brust und Bauch streichelte. Dabei hörte ich Mutti mit Engelsstimme in der rechten Schläfe meinen Namen rufen und freudige Erregung erfasste mich. Daraufhin streichelte ich wie erwachend Bauch und Brust und legte dann die Fäuste rechts und links unters Hinterhaupt, wobei von den Schläfen ausgehend sich zwei seitliche Energieströme über Arme, Gesichts- und Rumpfseiten hinab zu den Beinen bildeten. Das Ganze traf mich wie eine Offenbarung, dass die Hinterhauptslücke noch geschlossen werde.

Die Arbeit mit dem Titel „Beginnende Individuation" war fertig. Da ich im Text nur mit nummerierten Überschriften gearbeitet hatte, konnten noch Biografieeinführung und Vorstellung der Analysemethode auf den vom Ausbilder genehmigten zehn Textseiten untergebracht werden.

Nach Monaten stressiger Büroarbeit lag ich entspannt auf der Wiese im Alstertal, wo weiche Energieentladungen in beiden Hüften wie ein Feuerwerk abgingen, was so spaßig war, dass ich laut lachen musste.

Im Schlusswort bat ich den Ausbilder ausdrücklich um ein Gespräch, gemäß Zitat:

„Ken Wilbers Drei Augen der Erkenntnis haben mich als Wissenschaftlerin fasziniert. Ich war neugierig, ob eine Analyse der Tagebuchprotokolle überhaupt Tendenzen erkennen lässt. Mein subjektives Erleben war ein chaotisches Rauf-und-runter im Kampf um

Ganzheit. / Die Chance, mich einmal ungehemmt ausdrücken zu dürfen, und mein Wunsch nach Bestätigung waren entscheidende Motive. Seit April 1992 ist mein treuester Gesprächspartner das Buch I GING, eine ziemlich frustrierende Situation. / Heute, am 22. April 1993, begreife ich: Diese Analyse war und ist wichtig für den Prozess der Integration meines Kehl-Chakra, des riesigen Bereiches mit Mund, Kehle, Nacken und Schultergürtel und – zusammen mit dem Herz-Chakra – für den Ausdruck von Armen und Händen. / Mit diesem Statement beende ich zufrieden diese mehr atmosphärische als analytische Arbeit.“

Zwei Tage später widerfuhr mir beim Trommelwirbel im Konzert „Musik der Stille“ die Transformation „von Schockerstarrung zur Selbsterneuerung mittels Naturkraft“:

Nach der Pause setzte die Musik ein mit einem Wirbel gewaltiger Gongschläge, die einen Schockzustand auslösten: kraftvolles Händefalten gab Halt, ebenso Füße, die kraftvoll die Stuhlbeine von hinten umklammerten, während ich als seelenloses Knochengerüst dem Lärm ausgesetzt war. Bei einem musikalischen Gluckser tauchte ich ab in den Mutterleib, wo ich mit verspanntem Rücken und einem Krampf vom Bauchnabel bis zur Nasenwurzel hockte; die Energie hatte sich in den Kopf zurückgezogen. Im Zustand der Verzweiflung kam die Erinnerung an die Naturgeburt mit intensivem Rückenkontakt zur Mutter Erde. Die Nachvollziehung der Naturkraft bewirkte eine Selbsterneuerung mit atmender Hüfte.

Beim Umschalten von der Selbstanalyse auf die Londonauszeit wachte ich nachts auf mit einem Knackgeräusch an der Schädelbasis, wonach Co-Zwangsgedanken und Schmerzen in Brust und Schultergelenken zur Qual wurden. Der Co-Zwang blieb rätselhaft, denn der Diktator hatte mich letztens in Ruhe gelassen.

Nachdem die Belegarbeit für jedes Teammitglied bereitlag, blieben noch drei Wochen für die Sprachkassetten „Compact English", denn im Anschluss an die Kurswoche ging es nach kurzem Zwischenstopp weiter nach London. Ich hatte vor, die Unterkunft vor Ort zu regeln in der Hoffnung, ohne Hamburger Vermittlung Geld zu sparen. London blieb mein Traumziel, das mir mein Englischlehrer vom Sprachenclub mit kostengünstigeren Vorschlägen nicht hatte ausreden können. Mein Vorhaben blieb angstbesetzt.

Die Spracharbeit lenkte ab von der Reiseangst, obwohl das Sprachtraining ständig von Co-Zwangsgedanken und von Transformationsprozessen behindert wurde, wobei – in Etappen – eine Transformationswende vom Schneckenhaus ohne Leben zur Co-Zwangslösung stattfand:

Zwischenetappe „vom leeren Schneckenhaus zur embryonalen Erdung":

Von der Mundhöhle ausgehend bildete sich ein leeres Schneckenhaus mit drei übereinanderliegenden Kammern aus Kopf, Brust und Bauch, wobei das starre Gehäuse beim Atmen schmerzte. Anderntags belebte eine weiche, schwarze Friedhofsschnecke mit sensiblen Fühlern das Schneckenhaus, die sich umwandelte in einen Embryo mit strömender Verbindung der Vorderseite zur Mutter Erde; glückselig schluchzte ich auf.

Zwischenetappe „vom Albtraum ,Enthauptung' zur essenziellen Kopföffnung":

Im Traum findet eine Enthauptung unter Freunden statt, wo jeder als Täter verdächtig ist und zwei Hunde eine unheimliche Stimmung verbreiten. Tagsüber flüchtete ich ins Alstertal, wo ich mich unter „meinen Baum" legte: Mit aufgestellten Beinen in Rückenlage entstand zwischen den geöffneten Fußsohlen und der Mutter

Erde eine essenzielle Verbindung, doch der Vitalstrom staute sich an der verspannten Kehle, was sehr schmerzhaft war. Am nächsten Tag am selben Ort stieg der Vitalstrom ungehindert durch die Augen, wo er bei weiter Kopföffnung in den Kosmos einging; Seligkeit.

Zwischenetappe „von Co-Zwangsgedanken zur vorgeneigten Kristallpyramide":

Die Transformation „Kristallpyramide", gebildet aus dem Material von Beckenboden bis Nasenwurzel, war nach vorn geneigt, da das Haupt vergessen worden war; dennoch herrschte wohltuende Gestaltklarheit trotz Ecken und Kanten.

Zwischenetappe von Stuhldrangqual zur Co-Zwangslösung:

Nach der Kristallpyramide am Morgen kam ich nachmittags nicht vom WC herunter mit Stuhldrangzwang. Der Zwang wurde gelöst im warmen Wasser der Badewanne. Beim Stuhldrangrückfall kroch ich ins warme Bett, wo sich der Kopf im Energiefeld der danebenliegenden Hände löste und wonach mit kleiner Stuhlpassage ein permanenter Co-Spuk ausgestanden war.

Die Tagesereignisse – von vorgeneigter Kristallpyramide bis zur Lösung des Co-Spuks – blieben rätselhaft.

Anderntags gelang das Englischtraining, doch sobald ich die geistige Beschäftigung einstellte, spukte der Co wieder im Kopf herum. *I Ging* verwirrte mich obendrein mit dem Bild „Das Schöpferische: Gelingen aus den Urtiefen mit dem Hinweis, der große Mann sei in der Sphäre des Himmels angekommen".

Am Folgetag lief das Sprachtraining ohne Zwischenfälle. Übermütig nahm ich mir noch einen englischen Videofilm vor, verstand kein Wort und schaltete aus, wobei mir ein „Augenvolltreffer-Visionsschock" widerfuhr, der mit Schlafeinfall und Aufwachen wie neugeboren gelöst wurde:

Eingangs strömte wunderbar die Gestaltvorderseite, dabei tauchte dicht vor meiner Nase ein fremdes Männergesicht auf, dann leere Schädelaugen und ein Totenschädel mit stechendem Blick, der ins Herz traf. Im Glauben, das Herz würde aussetzen, atmete ich noch einmal tief durch. Danach erwachte ich aus tiefem Schlaf, durch und durch energetisiert, besonders stark an den Handgelenken. Im Atemrhythmus durchrieselten tiefe Schauerwellen die Gestalt, Wonne.

Anderntags ermahnte mich *I Ging* im Bild „Das Empfangende; eine rezeptive Urkraft", den Kampf zwischen Natur und Geist zu beenden.

Am Tag vor der Ankündigung der Londonreise beim Arbeitsamt, die ich erst vier Wochen zuvor anmelden durfte, erhielt ich einen Überraschungsbrief von der längst abgeschriebenen Ausbilderadresse. Zwei Deutsche entschuldigten sich für die verspätete Meldung und unterbreiteten mir ein großzügiges Unterkunftsangebot. Ich rief gleich an und im Gespräch boten sie mir an, mich in Harwich, wo mein Schiff ankommen würde, abzuholen, Urplötzlich wurde aus der gefürchteten Londonunternehmung ein großes Abenteuer.

Nachdem die Reise vom Arbeitsamt abgesegnet worden war, widerfuhr mir ein Transformationsprozess von Evolutionstiefe zum kosmischen Energieselbst:

Bei glückseliger Selbstumarmung transformierte eingangs die Gestalt zu einer Zellkugel, dann öffneten sich die Fersen, die wie elektrische Keulen in den kosmischen Raum ragten, Halt gebend. Es folgten ein Vogel unbestimmter Gattung mit Vogelfüßen und Flügeln, ein Embryo mit verletztem Rücken und ein Selbstprozess mit aufsteigendem Energiestrom durch die Augen, der über eine offene Schädeldecke in den Kosmos einging.

Der Selbstöffnungsprozess lief noch den ganzen Tag auf Hochtouren. Am Abend wurde mir rückwirkend eine Krise bewusst, die sich beim passiven Hören der Englischkassetten auf dem Bett liegend ereignet hatte, ohne dass ich deren Sinn erfasste. Doch Kehlkratzen, drohendes Knurren und ein Hustenanfall brachten anderntags Linderung, wonach – aus Dankbarkeit gegenüber dem Ausbilder, der mir zur Londonunterkunft verholfen hatte – Tränen der Erleichterung kamen; er hatte doch mein Bestes im Sinn.

Von einem Albtraum blieb nur die Erinnerung an tödliche Berührungen:

Die Traumhandlung wollte ich gleich aufschreiben, doch sie war sofort vergessen, nur noch atmosphärisch vorhanden als tödliche Berührungen.

Im Nachhall widerfuhr mir eine Transformationsgestaltung der kosmischen Selbsttiefe:

Erstmals verschmolzen die Vorderfüße im kosmischen Energiefeld, wobei kosmische Leere in den Gelenksräumen von oben nach unten eine ungeheure Selbsttiefe erzeugte.

Das Gepäck für London stand bereit und mein Zimmer war zur Freigabe aufgeräumt, denn in meiner Abwesenheit zahlte ich keine Miete.

Drei Tage vorm Aufbruch zur Mai-Schlusswoche träumte ich „Die späte Entmachtung des Magiers":

Im Traum verfolgte mich ohne Ende ein Tyrann mit magischen Fähigkeiten, der mich an den Ausbilder erinnerte.

Im Wachsein erfasste ich den Sinn meiner Ausbilderduospaltung: Der Co-Spuk hatte mir geholfen, den Ausbilder trotz aller Wirren zu bewundern, was mir Halt gewesen war im bodenlosen Raum. Jetzt war – dank des spirituellen Selbstbewusstseins – eine Ausbilderbeziehungsklärung herangereift.

Am Abend vor meiner Abreise lud mich die Vermieterin zu einer nächtlichen Rudertour auf den Gewässern Hamburgs ein; es sollte unser Abschied von ungetrübter Zweisamkeit werden.

Mai-Schlusswoche *[Augenschreckschusserstarrung im Dasein]*:
Der Ausbilder eröffnete höchstpersönlich die Schlusswoche am Abend. Da ich wie immer am Vortag angereist war, ergab sich, dass ich in aller Ruhe meinen Morgenkaffee auf einem sonnigen Balkon einnehmen konnte. Dabei ereignete sich ein Schüttelanfall wie ein Erdbeben – mit Erleben eines frühkindlichen Sexualmissbrauchs ohne Wahrnehmung einer Person:

Eingangs feine Energieentladungen in Taille und rechtem Knie, danach ein heftiger Schüttelanfall, wobei kleines Becken und Rumpf-Kopf-Bereich sich öffneten. Beim Durchschütteln wurde der linke Arm, schwer wie aus Gips, bewegt, wobei die Empfindung hochkam, ein eigenes, dünnes Glied zu halten, mich hinabzubeugen, um am Glied zu lutschen. Plötzlich protestierte ich mit Worten „Nein! Nein!" und heftigen Kopfschlägen gegen eine reale Stuhllehne – bis zum kleinlauten „Ja", wonach über Salamander und Krokodil, beide sich im Sonnenschein wärmend, Ruhe einkehrte. Das Ganze endete mit transparentem Kopf, erregter Brust und starker Energieladung im linken Arm.

Zur Rückbesinnung unternahm ich am Nachmittag eine Schiffstour, wonach am Abend der Ausbilder die Woche eröffnete mit einem Seminar, in dem er einen Fragespiegel diktierte, mit dem wir gegenseitig unsere Fachkompetenz erforschen sollten. Das war zwar Blödsinn, doch immerhin besser als das Kompetenzdogma „Einzelselbsterfahrung".

Danach verteilte ich im Ausbildungsteam meine Belegarbeit „Beginnende Individuation".

Am Vormittag des zweiten Tages lobte der Ausbilder im Seminar auf Englisch meine Selbstanalyse als Werk einer Frühstörung, womit er für alle alles gesagt hatte. Es folgte meine erste Klientensession zum Thema „Vatertrauma", die nichts brachte, daher sagte ich zum Therapeuten: „Du bist jetzt mein Torero", denn ich kannte seine Begeisterung für Toreros, wonach wir uns in einen erotischen Tanz steigerten:

Im Blickkontakt, kniend auf der Matte, fingen war an, uns rhythmisch zu bewegen: Unsere Arme flatterten, als wollten wir uns abheben und mit „Bum! Bum!" beschleunigten wir zunehmend das Tempo, bis ich lachend das Gleichgewicht verlor, dann ließen wir – Rücken an Rücken – unsere Erregung ausklingen.

Gleich am dritten Tag fand meine zweite Klientensession zum vorgegebenen Thema „Berührungen" statt, in der mein Torero pausenlos Fragen stellte, bis ich platzte. Nach einer Ruhepause entstand essenzieller Kontakt im Gegenübersitzen mit Hochkommen eines tierischen Knurranfalls:

Eingangs berührte er zärtlich meine Finger. Zum Abschluss von verwöhnenden Berührungen kamen die Füße dran: Beim Berühren unserer Fußsohlen neigte ich den Kopf nach hinten, mich mit den Händen vom Boden abstützend, wobei ein tierischer Knurranfall aus tiefsten Tiefen aufstieg, den ich aufs Vatertrauma bezog, auf die Entbehrungen in früher Kindheit.

Während der Therapeuten-Supervision blieb ich bäuchlings auf der Matte liegen, wobei ein Schüttelanfall losging, dem „feinstoffliches Loslassen" folgte:

Eingangs erfasste mich ein heftiger Schüttelanfall, der zur inneren Ruhe führte, wonach Hände und Unterarme sich feinstofflich auflösten.

In der Mittagspause lief ich umher, um mich zu sammeln, wonach ich mich rücklings auf die Matte legte. Als die Gruppe geräuschvoll den Nachmittag mit „Bewegung nach Musik" einläutete, genoss ich gerade die Revitalisierung des Moro-Schreckreflexes eines kleinen Kindes, wie ich ihn aus *Verkörperte Gefühle* von Stanley Keleman kannte:

Ein Zustand mit schreckgespreizten Fingern der geöffneten Hände, großen Pupillen und einem wie „O" geöffnetem Mund – jetzt nachempfunden als Lösung der Schreckstarre.

Danach bekam ich Lust, noch mitzutanzen, wollte aber bei mir bleiben. Mit mir erhob sich der Ausbilder, um den sich schnell eine tanzende Schar versammelte. Als ich mich ihr anschließen wollte, ging er zum Platz zurück und ich landete beim Co, was mich maßlos ärgerte, doch meine Revanche folgte auf dem Fuße: In der Demosession ermutigte der Ausbilder seinen Klienten, sich ihm aggressiv zu nähern – mit großer Abwurfgeste einer imaginären Kugel, dabei einen Schrei ausstoßend. In der Nachbesprechung schoss ich den Ausbilder im Sitzen ab und erntete einen Gruppenlacher. Danach versuchte ich, möglichst bäuchlings bis zum Abend durchzuhalten, denn meine Rumpfmuskeln hatten an Spannung eingebüßt.

„Tagebuchloch": Amnesie des 4. und 5. Tages mit Auslöschung meiner ersten Arbeit für immer.

Der sechste Tag begann mit der Tagebuchnotiz: „Früh im Kinderbett gesessen, hellwach". Danach überreichte mir der Ausbilder die Literaturangabe *At a Journal Workshop. The basic text and guide for using the*

Intensive Journal von Ira Progoff zur Führung eines Tagebuches; seine Aufmerksamkeit machte mich glücklich. Doch der Co brachte mich auf achtzig, der eine Privatsession mit meiner Klientin durchgeführt hatte, die – wie schon zur Ausbildungshalbzeit – verstört vor mir stand. Dieses Mal endete die Session mit einer Arbeitsbestätigung:

Ohne ein Wort zu verlieren, fing ich an, sie zu schubsen; glücklicherweise schubste sie zurück. Nach einer Weile fragte der vorübergehende Ausbilder, ob alles in Ordnung sei, was ich bejahte, wonach ich die Klientin mit Füßen trat, was sie auch erwiderte. Als der Ausbilder erneut nachfragte, beschwerte sie sich über mich, woraufhin er ihr riet, sich ihren Raum zu nehmen. Sie schickte mich zum Teufel, wonach ich mich in ihrer Nähe niederließ und beobachtete, wie sie sich mit einem Stück Matte, auf der sie stand, von mir abgrenzte. Alsbald holte sie mich zurück; wir waren mitten in einer spannenden Sitzung. Zum Schluss lag sie selig in meinen Armen. Ausbilder und Co hatten nichts zu kritisieren, und ich glaubte, den Ausbildungserfolg in der Tasche zu haben.

Dieser vorletzte Ausbildungstag wurde mit einem Kabarettbesuch unserer Gruppe abgeschlossen; der ersten gemeinsamen Veranstaltung, an der das Ausbilderteam nicht teilnahm.

Am Abreisetag entpuppte sich der Co in letzter Sekunde als Spaßvogel, indem er mit einer bunten quietschenden Luftschlange in der Pause aufkreuzte und dafür Applaus erhielt. Als alle Platz genommen hatten, ging ich mit aufgezogenen Schuhen auf den Co zu, einem im Kabarett gekauften Scherzartikel. Ein Mitglied meiner Expeergruppe sagte belustigt: „Mit kleinen Schritten", doch ich erstarrte abrupt beim Volltreffer des eiskalten Ausbilderblicks:

Der Augenschreckschuss des Ausbilders raubte mir blitzschnell alle Energie, und zutiefst beschämt schlich ich zurück zu meinem

Platz. Die geheime Lähmungswaffe des Ausbilders war damit live erfahren worden, doch die Schockentgleisung bezog ich auf den Schreckschuss „Dreieckszwang".

Beim Abschiedsbier mit dem Torero entlud ich einen mörderischen Wutausbruch am Unschuldigen, wonach ich auf der Heimreise Angst hatte, ihm mit meiner Heftigkeit geschadet zu haben.

Zuhause hatte ich kaum Kraft, die Waschmaschine in Gang zu setzten: ich saß im schwarzen Loch. Erst nach Tagen kehrte die Energie zurück bei Erneuerung des Ausbilderkontakts, indem der Co-Ausbilder für alle Missstände die Schuld zugewiesen bekam.

Mir blieb der Trost, dass ich mich nach Ausbildungsschluss im Dezember mit dem Ausbilder verständigen könne, wenn der Co nicht mehr zwischen uns stünde.

Der Traum „Zu Tode gehetzt von flüchtigem Liebhaber und Verfolger" blieb rätselhaft:

Eine Frau auf der Rückbank eines rasenden Autos, mit flüchtigem Liebhaber und Verfolger auf den Vordersitzen. Als Ihre Füße durchbrechen und auf der Erde mitschleifen, erhört keiner der beiden ihre Hilfeschreie, bis ihr im unaufhörlichen Weiterrasen die Luft ausgeht.

Vor Antritt der Londonreise warf ich – beim Warten aufs Taxi – das *I Ging*-Bild „Der Rückzug" als Rückzug aus Stärke und ohne Hass. Im Zusatz wurde vermerkt, dass ein klammernder Geringer alle Kräfte aufbiete, was eine große Chance sei.

6. Im Londonfreiraum *„urtiefe Aufarbeitung von Schockzuständen unter warmherzigen Umständen bis hin zur Daseinsfreude";* Ausbilderkontakterneuerung, „Bye-Abschuss" und im Kosmossystem: *„explosive Selbsterschütterungen hin zur Selbstbestimmung"*

Nach einer Schiffsreise auf spiegelglatter See wurde ich in Harwich empfangen von einem Mann, der ein Schild mit meinem Namen hochhielt. Das war der Anfang einer Begegnung mit meinen zwei deutschen Wohltätern, die meine Unterkunft über drei Monate durchgängig organisierten; entweder kostenfrei als Haushüter in einem ihrer beiden Arbeitshäuser zur Überbrückung der Versorgungslücke durch Urlaub oder kostengünstig im Haupthaus zur Untermiete. Nach einer zweitägigen Anwärmphase im Haupthaus, einer Villa in Westlondon, wurde mir aus ihrem Bekanntenkreis für zehn Tage eine Citywohnung zur Verfügung gestellt. London war eine Liebe auf den ersten Blick. Mit Behördengängen und Herausfinden von Lieblingsplätzen an der Themse und im Hydepark verging die erste Zeit wie im Nu.

Albträume erinnerten mich an mein berufliches Desaster. Nach einem Abendspaziergang durch Soho kam ich mir schrecklich verlassen vor, denn meine Vorstellung, auf der Straße Englisch zu lernen, erwies sich als Trugschluss. Die Beamten, die mir mit viel Geduld beistanden bei der Erledigung meiner Formalitäten als Arbeitssuchende, verhalfen zum Umdenken, auch ohne Sprachverständigung die pulsierende Metropole genießen zu können.

Als ich eines Abends im Pub über meinen Vater nachdachte, wurde mir von einem älteren Herrn am Nebentisch ein Whisky spendiert, der mir bei seinem Aufbruch die Hand reichte. Diese väterliche Geste rührte mich zutiefst und hinterher, beim Tagebuchschreiben, flossen Tränen der Scham über meine Kaltherzigkeit gegenüber dem Vater, zu dem ich mit vierzehn – nach der Scheidung der Eltern – jeden Kontakt abgebrochen hatte.

Zum Abschied aus der City-Wohnung gönnte ich mir ein ausgiebiges Bad, in Gedanken noch beschäftigt mit dem Vater, wobei mir der Transformationsprozess frühkindlicher Seligkeit mit Mama und Papa widerfuhr:

Vor dem Verlassen der Wanne riss ich beide Hände hoch, die sich zu schütteln begannen und plötzlich mit Mama (linke Hand) und Papa (rechte Hand) identifiziert waren. Ich wurde Augenzeugin eines spannenden Dialogs der Eltern: Beide bewegten sich schnell und heftig, jeder für sich allein. Dann hielt Mama inne und schaute aufmerksam auf Papa und ich schluchzte erleichtert auf. Schließlich beruhigte sich Papa und legte sich auf meine Brust, Mama darüber. Mein Herz fing an, vor Freude zu klopfen. Wir drei bildeten eine glückliche Familie. Nach einer Weile lösten sich beide von mir; Papa berührte zärtlich Mama und umgekehrt. Als zum Schluss der Papa die Mama ganz fest drückte, rührte es mich zu Tränen.

Danach wurde ich von meinen Beschützern im zweiten Haus eingeführt, einem Reihenhaus nahe Queens Park, wo ich eine Woche lang als Haushüter in einem komfortablen Junggesellenappartement wohnte. Danach zog ich zur Untermiete in die Stammvilla zurück mit dem Gefühl, heimgekehrt zu sein. Inzwischen hatte ich eine Übersicht über meine Finanzen: Durch weitgehende Verschonung von Mietkosten konnte ich mir vom Arbeitslosengeld Englischunterricht am Oxford House College in der City leisten, wo ich die Vormittage in der Woche zubrachte; damit war mein Dasein strukturiert. In der Woche nahmen die Hausherren mit mir zusammen ihr Dinner ein, doch am Wochenende blieb ich allein im Haus, da sie in einem Cottage an der Südküste weilten.

Nach der ersten Schulwoche verließ ich die meinem Level entsprechende Englischklasse, wo es drunter und drüber ging. Eine lebenslustige

Lehrerin übernahm mich, obwohl ich dem höheren Leistungsstandard nicht genügte. Mit großer Aufmerksamkeit passte sie auf, dass ich nicht in der Außenseiterrolle landete. In den Momenten, wo mich der Mut verlassen wollte, stärkte ich mich mit meiner Selbstanalyse, die ich im ersten Monat dreimal durchlas.

Am letzten Sonntag im Juni wurde ich mit an die Südküste genommen, wo ich als unroutinierter Fahrradfahrer mit schmalspurigem Männerrad auf beengter Bäderstrecke an die See fuhr, um bei herrlichstem Sommerwetter eine ausgedehnte Strandwanderung zu unternehmen. Auf der Rücktour geriet mein Handtuch zwischen die Fahrradspeichen, doch in der Autoschlange hinter mir warteten alle geduldig, bis ich wieder im Sattel saß; der höfliche Umgang in England wärmte meine Seele. Ich fühlte mich im Hier und Jetzt geborgen.

Auf dem Schulweg danach überwältigte mich in der U-Bahn die Erinnerung an den Animatraum in 7. Kurswoche mit schwerelosem Schweben über einer bunten Welt, wonach die Desintegration „Panik im Kinderbett beim eiskalten Blick der Mama" passiert war beim Schreckschuss des Ausbilderduos, meinen Platz für sie im Restaurant zu räumen. Erst am Abreisetag der 8. Woche war mir der lähmende Augenvolltreffer des Ausbilders ins Bewusstsein gerückt und jetzt, in der U-Bahn, hatte ich Mühe, meine Rührseligkeit über die warmherzige Anima zu unterdrücken.

Die Schule stresste mich, denn trotz Vorarbeit im Lehrbuch bekam ich den Klassenanschluss nicht hin. Mein Leistungsproblem ging dann aber unter im Überlebenskampf, ausgelöst von einer Angstüberflutung im Albtraum:

Ein Fremder bedroht uns vier Kinder und die Eltern, bis der Vater mit dem Fremden aufbricht und zur Tarnung ein Kind mitnimmt, wonach die verängstigte Mutter ein anderes Kind hinterherschickt, das die Taxinummer notieren soll; es rennt in sein Unglück. Als Zuschauerin weiß ich, dass es passiert, und wache auf, bebend vor

Angst. Da ich am Wochenende allein im Haus war, rannte ich im Nachthemd und barfuß in den Garten. Mit den Füßen auf kühlem Rasen und Blick in den klaren Sternenhimmel kam ich langsam zur Besinnung.

Vormittags suchte ich eine nahe gelegene Kirche auf. Gegen Abend widerfuhr mir eine hochgeladene Schocklochtransformation:

Zunächst bildeten sich elektrisch geladene Drahtschlingen an Mund, Fuß- und Handknöchel, die den ganzen Körper wegschluckten; außer Drahtschlingen an Händen, Füßen und Kopf blieb nichts übrig. Bei alledem erleichterte mich die Gewissheit, dass Vaters Geheimnis zu lüften sei. Im Anschluss verblieben Brust- und Nackenverspannung.

In der Woche lebte ich mit Verwirrüberflutung im Grenzzustand: Die Tagebuchführung stockte, doch am Schulbesuch hielt ich eisern fest. Zuweilen ging ich hinterher gleich zu Bett oder fuhr mit einem roten Doppeldeckerbus im ersten Rang bis zur Endhaltestelle und gleich wieder zurück. Meine erste Tagebucheintragung: „An den letzten drei Abenden zum Bibellesen im Altarraum gewesen, gestern nach der Schule eine Suppe gelöffelt und wieder ins Bett." Im Altarraum fanden sich nur wenig Gläubige ein, die mir beim Singen das aufgeschlagene Buch reichten und ein Gefühl des Dazugehörens vermittelten.

Meine Existenzkrise schien die Lehrerin, die mit Humor alle bei Laune hielt, nicht mitzukriegen.

Wieder am Wochenende erlebte ich eine hochgeladene Reinkarnationstransformation:

Am Nachmittag wurden plötzlich die Beine zu hochgeladenen Stromkabeln, wobei die untere Körperhälfte bis zur Taille eine geladene Masse darstellte; schmerzhafte Energieentladungen erfolgten an den Fersen. Die Empfindung, dass die Gestalthälfte die Erde selbst sei, war ungemein beruhigend.

Anschließend lief ich durch die Stadt. Beim Fernsehen am Abend litt ich unter Übelkeit, bis mich ein Erregungsdurchbruch in die Brust erlöste:

Beim Fernsehen erlöste ein aufsteigender Energiestrom in die Brust von quälender Übelkeit, was wie Sterben empfunden wurde.

Die Transformationsentwicklung vom Schockloch zum Energieselbst beschäftigte meine Denkwelt bezüglich Sterben als seelische Befreiung für Neubeginn.

Der Traum von einer brutalen Vergewaltigung unter Eheleuten überstieg meine Toleranzgrenze:

Ein betrogener Ehemann bumst seine Frau in aller Öffentlichkeit aufs brutalste und taucht ab, indes sie sich von der Demütigung nicht mehr erholt.

Zornerfüllt beschloss ich, den spirituellen Prozess für immer zu beenden. Zwei Abende drückte ich mich im Pub herum und kam erst nach Mitternacht heim, doch Aussteigen ging nicht. Das Ganze endete mit der bewussten Entscheidung, mich in mein Schicksal zu fügen. Am Morgen danach widerfuhr mir eine tiefgehende Selbstöffnung:

Zwischen Knien und kleinem Becken öffnete sich die Gestalt, wobei sich zeitweise beide Beine feinstofflich auflösten.

Gleich nach der Schule, in der mich Übelkeit geplagt hatte, ging ich zu Bett und erlebte eine Identitätstransformation:

Eingangs eine diagonale Atemwelle im Rumpf, dann auch horizontale Atemwellen zwischen Schulter- und Hüftgelenken, wonach ich in der Brust meinen Namen geschrieben und das Zwerchfell als ein großes Auge aus grauem Licht vorfand; darüber eine entgrenzte Brust.

Anderntags erlebte ich qualvollen Stuhldrangzwang, wie schon beim Englischtraining für die Londonreise. Ich legte mich gleich ins Bett und sagte laut: „Ich muss nicht müssen!", wonach sich der Rumpf mit ungeheurer Erdtiefe auftat:

Mit lauter Ansage „Ich muss nicht müssen!" wurde der Stuhldrangzwang gebannt mittels Energiepfropf, der sich vom Schließmuskel löste, zum Nacken wanderte und im ständigen Hin und Her die Wirbelsäule erregte, wobei sich die Gestalt von den Knien hinauf bis zur Schulter weit öffnete; die tiefgehende Selbstraumöffnung wurde als innere Erdtiefe empfunden.

Inzwischen versuchte ich mich vor der Lehrerin zu ducken, bedrückt von Schuld und Scham über meine Leistungsschwäche. Zur Selbstbesinnung verhalf die gerade verpasste Co-Runde, was mich im sonnigen Park an das Glück der Londonauszeit erinnerte. Es folgte eine gigantische Mundtransformation:

Die Oberlippe einer gigantischen Mundtransformation wurde aus der gesamten Gestaltvorderseite und die Unterlippe aus der Rückseite erschaffen, wonach – beim Stadtgang – erneuter Stuhldrang auf öffentlichem WC gelöst werden konnte.

Mir blieb unverständlich, wieso mich immer wieder der Co beschäftigte, bei dem ich – im Gegensatz zum Ausbilder – eigentlich durchsah. Die Londoner besorgten mir für zwei Wochen die Wohnung einer im

Urlaub weilenden Kollegin, da mein Zimmer für unverhofften Besuch benötigt wurde. Damit endete vorzeitig meine Behütung im Wohntrio. Vor dem Auszug aus der Villa gönnte ich mir ein Wannenbad, wobei mir eine Evolutionsentwicklung vom Wasser- zum Landleben widerfuhr:

Ich tauchte mit Mund und Hinterhaupt ins Wasser, nur die Nasenspitze blieb draußen, wobei ich die Empfindung hatte, ein Hohlkörper im großen Ozean zu sein. Danach folgten Transformationen: ein friedlich im Wasser liegender Salamander, ein Neunauge mit Augenpol überm Wasser und ein Fischgerippe, dessen vollständiger Kopf bis zu den Kiemen aus dem Wasser ragte. Bevor ich die Wanne verließ, musste ich zwanghaft den Kopf kräftig durchschütteln.

Mit dem Umzug nahm ich mir vor, die zwanghafte Vorarbeit im Englischbuch zu lassen, wonach ich prompt mein Buch verlor.
In der ersten Nacht in fremder Umgebung beobachtete ich im Traum eine vor Zuschauern erfolgte spielerische Fesselung eines Teenagers, die mit einer Vergewaltigung endete:

Im Traum lässt sich ein junges Mädchen geduldig von einem Mann im Auto fesseln, weil die Leute alles sehen. Dann schlage ich wie wild mit einer Decke um mich, wohl wissend, dass es passiert ist, und schrecke hoch, wonach ich mit dumpfem Kopf auf der Bettkante saß, ohne jede Gefühlsregung.

Der Wechsel von höchster Erregung zur Dumpfheit im Augenblick des Aufwachens war so unerträglich, dass ich mich bemühte, über die Traumhandlung wieder Kontakt zu meiner Gefühlswelt zu bekommen, was auch gelang. Ich blieb den ganzen Tag in Bewegung, um den Erregungsstrom in Fluss zu halten. Abends im Bett öffnete sich die Gestalt von unten nach oben:

Die untere Gestalt war weit geöffnet zur Erde, von dort aus stieg ein Strom hoch durch ein weites Zwerchfell und über eine lichte Enge an der Rumpf-Kopf-Grenze.

Anderntags überreichte mir die Lehrerin strahlend mein wiedergefundenes Englischbuch; inzwischen war mein Leistungszwang ausgestanden. An jenem Abend erfolgte im Transformationsprozess die Hinterhauptsintegration:

Zunächst überzog ein feines energiegeladenes Netz das linke Hinterhaupt, das in Verbindung stand mit den Außenkanten beider Füße, wonach das Hinterhaupt feinstofflich gelöst wurde, subjektiv erlebt als erlösende Selbstganzheit.

Wie aus heiterem Himmel packte mich beim Fernsehen fürchterliche Wut auf den Vater:

Es ging los mit intensiver Erregung im Kreuz und einem fast unerträglichen Prickeln im rechten Arm, wonach ich wie von Sinnen eine Schimpfkanonade auf den Vater abfeuerte: „Erwürgen will ich dich Schwein! Ich war die Kleinste! Ich bring dich um, um endlich frei zu sein!"

Hinterher war ich sprachlos: Meine vielgelobte Geduld erwies sich als Abwehr tiefgehender Wut, meine Harmoniesucht als Wahnvorstellung. Ich brauchte Wärme und nahm ein Bad, wobei die Transformation eines flügelschlagenden Schmetterlings tiefen Frieden stiftete:

In kleiner Wanne stieß ich die Füße ab, schüttelte die Wirbelsäule kräftig durch und knurrte wie ein wildes Tier, wonach ich – im Wasser sitzend – mit lustvoller Armbewegung „Weg! Weg!" Distanz zum Vater herstellte. Dabei widerfuhr mir eine

Schmetterlingstransformation in grau-gelb mit leichtem Flügelschlag; innere Ruhe ersetzte die Mordswut.

Hinterher besuchte ich den Botanischen Garten. Als ich mich abends im Bett einkuschelte, strömten linker Arm und linkes Bein wie verrückt:

Mit intensiver Strömung des Armes und des Beines der linken Seite erfolgte eine feinstoffliche Lösung des Unterkiefers.

Anderntags beeindruckte eine tiefe Atemwelle nebst gelöstem Nacken. In Gedanken beschäftigte mich das Hin und Her von Vatertrauma und Ausbildermissbrauch, von mörderischer Wut und unmenschlicher Geduld. An jenem Abend besuchte ich erstmals eine Quäkerveranstaltung, auf die ich durch Briefwerbung aufmerksam gemacht worden war.

In der Frühe des nächsten Tages ging mir das Hin und Her des Ausbilders, der bewusst Verwirrung schürte, nicht aus dem Sinn. Doch auf dem Schulweg strömte mein Herz für ihn über bei der Vorstellung, dass ohne ihn mein Transformationsprozess nicht hätte stattfinden können. Abends im Bett folgte die Transformation „Brustfüllung mit gestapelten Energiescheiben", die eine schriftliche Ausbilderankündigung der Vateranalyse initiierte – für eine Verständigung in der Dezember-Abschiedswoche.

Von einer Energiekugel am Steiß strahlte Wärme überallhin und dabei wurde die Brust mit horizontalen Energiescheiben – gestapelt wie Teller – gefüllt, was die Idee zeugte, den Kontakt zum Ausbilder zu erneuern mit schriftlicher Ankündigung der Vateranalyse.

Ende Juli kehrte ich wieder in die Stammvilla zurück, dieses Mal als Haushüter. Da die Hausherren in ihrem Urlaub den Ausbilder treffen würden, erboten sie sich, meinen Brief persönlich zu überreichen – eine Londonervermittlung als Zugabe für Ausbilderkontakt.

Als die Urlauber mit meinem Brief abfuhren, fiel mir eine Zentnerlast von den Schultern: Mein Leben hatte wieder einen Sinn.

Doch noch standen mir vier Wochen Londonurlaub zur Verfügung, die ich mit Leben im Jetzt genießen wollte.

Meine Freizeit wurde mit Quäkerveranstaltungen bereichert. Zunächst besuchte ich einen Meditationsabend, wo wir uns zum Schluss alle die Hände reichten:

Im Kreise stehend erlebte ich eine Energieströmung von einem Nachbarn zum anderen quer durch die Schulter, die dabei feinstofflich gelöst wurde. Mit ungeheurer Energiefülle und voller Freude, Teil der menschlichen Gemeinschaft zu sein, ging ich los, wurde dann aber von abgrundtiefer Einsamkeit erfasst.

Anderntags wachte ich wie erschlagen auf und kroch gleich nach der Schule ins Bett. Dabei strömte die Energie von Hand zu Hand durchs Hinterhaupt, eine abgrundtiefe Haltlosigkeit zeugend, die auch im Bett kaum auszuhalten war:

Die Haltlosigkeit war äußerst qualvoll und ich fing an zu stöhnen, wobei das Echo im Kopf angenehm widerhallte. Visionen tauchten auf: ein leuchtend roter Mund und leuchtende Bäume, bis mich der Schlaf erlöste.

Gegen Mitternacht wachte ich auf und erledigte mit letzter Kraft meinen Hausrundgang. In der U-Bahn, unterwegs zur Schule, strömte die Energie durch den Rumpf-Kopf-Bereich nur bis zur Nasenwurzel, wonach ich mir wie ein Analphabet in der Klasse vorkam.

Bis zum Wochenende in drei Tagen hielt ich durch, dann ließ ich den Tag geruhsam angehen: mittags, noch immer im Nachthemd, döste ich im sonnigen Garten herum, als mich ein Knurranfall erfasste:

Das Knurren wurde laut und lauter und dabei eine Drohgebärde gestaltet mit geballten Fäusten und bleckenden Zähnen, subjektiv erlebt als aggressiver Wolf. Mit Bewusstwerdung der tief sitzenden Abwehrhaltung „Bleib mir ja vom Leibe!" erschien Licht im Kopf.

Beim Sonnen am Nachmittag dachte ich übers Sterben nach, wobei sich der Energiekörper aus der Gestalt löste:

Beim Nachdenken übers Sterben sah ich mich plötzlich aus der Höhe von wenigen Metern auf der Wiese liegen; der Energiekörper hatte die Gestalt verlassen.

Anderntags besuchte ich eine Lachtheaterprobe der Quäker, wo ich mit Sprachsalat voll dabei war; wir lachten alle um die Wette. Abends fiel ich glückselig in den Schlaf. Zwei Tage später besuchte ich einen Vortrag der Quäker zum übergreifenden Thema „Gehirnschock und kosmische Erfahrungen". Hinterher stürmte ich vor zum Dozenten, bekam aber trotz Vermittlung keinen Satz zustande. Letztlich überreichte mir der Mann eine Berliner Adresse, an die ich meine Frage richten könne, die er sogleich beantworten würde. Auf dem Heimweg geriet ich in Rage und raste dann laut brüllend durchs Haus „Ich will Austausch!", gerichtet an den Ausbilder. Beim Frühstück spukte noch immer der Ausbilder im Kopf herum und dabei fiel mir sein Dogma „Halt den Mund!" ein, das er mir am vierten Ausbildungstag auferlegt hatte. Über die Sprachblockierung vor dem Dozenten war mir sein Schweigedogma bewusst geworden, das ich mit immer neuen Kontaktstrategien abgewehrt hatte. Auf dem Weg zur Schule konnte ich meine Abneigung gegen den Sprachunterricht kaum zügeln. Am Nachmittag folgte beim Sonnen eine urtiefe Erlösung vom Zwang einer Ausbilderverständigung:

Beim Sonnen im Garten bildete die untere Gestalthälfte ein wellenförmiges Energiefeld, danach auch die obere, und abschließend

entstand eine allumfassende Zwerchfellöffnung mit riesigen Stimm-
bändern, was den Zwang nach Ausbilderverständigung auslöschte.

Nach einer Pause, in der ich die Blumenbeete gegossen hatte, legte ich
mich erneut nieder, wobei mir eine Individuationstransformation widerfuhr:

Von den Füßen an bis hoch zu den Knien bestand massive Erdung
wie gefüllte Stiefel, in allen Gelenksöffnungen bis hoch zur Ohrene-
bene existierte kosmischer Leerehalt bei intensiver Rückenströmung.

In der Klasse war eine zweite Deutsche aufgetaucht, eine Studentin,
die zu allen Kontakt herstellte und mich überredete, an den Schul-
busfahrten teilzunehmen, die an jedem Wochenende stattfanden. Bei
meinem ersten Schulausflug nach Cambrigde endete meine Außenseiterrolle in der Schülerschar mit Hilfe der lebenslustigen Studentin, die
meine Freundin wurde.

In Cambrigde gestand mir die Studentin, dass sie nach dem Mauerfall
von der DDR zum Vater nach Westdeutschland gezogen und die Londonreise ihre erste eigenständige Unternehmung sei. Meine Geschichte
verstand sie auf Anhieb, was mich erstaunte, da ich von den Ausbildern
immer als Sonderfall behandelt worden war.

Früh, vor dem Sonntagsausflug nach Leeds Castle, stellte sich Kopfleere bei meiner Haarwäsche ein:

Zuerst öffneten sich bei der Haarwäsche beide Ohren weit, was
so spaßig war, dass ich laut lachen musste. Dann entstand eine
kosmische Leere in der Ohrenebene, gefolgt von ganzheitlicher
Kopfleere.

Auf dem Ausflug zum mörderischen Schloss fühlte ich mich – im
Schlepptau der Studentin – bereits zur Schülerschar dazugehörig.

Zum Wochenanfang stand Hausordnung auf dem Plan, denn mit Rückkehr der Hausherren wurde mein Umzug ins zweite Arbeitshaus für die letzten zwei Urlaubswochen fällig. In der letzten Nacht im Stammhaus wurde ich von tiefgehender Trauer erfasst, von der mich eine Schmetterlingstransformation erlöste:

Riesengroße Schmetterlingsflügel, entstanden aus je einem Arm und Bein, tankten die Brust mit himmlischer Energie auf, wobei sich Gesicht und Nacken entspannten.

Die Hausherren überreichten mir eine zollfreie Stange Zigaretten und teilten mir mit, dass der Ausbilder kein Wort zum Brief gesagte habe, doch persönlich rieten sie mir, den mit Umzugssorgen der Einrichtung gestressten Mann in Ruhe zu lassen. Vor Schreck über die Stellvertreterintrige des Ausbilders vergaß ich, die Zigaretten zu bezahlen. Danach, mutterseelenallein im anderen Haus, hörte ich Geräusche und schloss mein Apartment ab. Das Schweigedogma des Ausbilders hatte mich im Griff, doch trotzig beschloss ich, die Vateranalyse auch unerwünscht anzufertigen. In jener Nacht träumte ich von einer Verwandtenaffäre als Silberschatz:

Im Traum hinterlässt ein Verwandter nach jedem Beisammensein ein silbernes Messer in der Scheide. Nach Beendigung der Affäre ziehe ich alle Silbermesser heraus.

Der Traum ließ mich nicht los. Noch anderntags beschäftigte mich die Hebung des Silberschatzes, gefolgt von Energieexplosionen in Extremitäten und Augenvorstülpungen:

Stark energetisierte Arme und Beine hinterließen einen Energiesaum über die Hautgrenze hinaus, auch an Augenvorstülpungen. An jenem Abend sprang ich noch spät aus dem Bett, um den laut hergesagten Satz „Ich tu das!" zu notieren, der mir unverständlich blieb.

Am Samstag, mitten im Gespräch mit der Studentin in Oxford, öffnete sich die Kopf-Körper-Grenze weit und der unverständliche Satz „Ich tu das!" spukte mir erneut im Kopf herum. Nach einem ereignisreichen Tag fing ich abends im Bett zwanghaft an, zu masturbieren. Sofort nach Aufwachen in der Frühe masturbierte ich erneut, bis es klick machte: Die eiskalten Augen der Mutter am Kinderbett als Befehl, schön still zu liegen [7. Kurswoche], entschlüsselten den im Kopf spukenden Satz „Ich tu das!" als Aufforderung, dem Ausbilder Paroli zu bieten mit der Vateranalyse zum Ausbildungsschluss.

Am Sonntag fuhren wir Schulfreundinnen im öffentlichen Bus nach Eastborn an die Südküste, einem durch Dauerregen anstrengenden Tag. Beim Dösen auf der Busheimfahrt erlebte ich drei Energiekugeln, je gebildet aus Händen, Füßen und Kopf:

Beim stundenlangem Dösen im Linienbus, neben der Schulfreundin sitzend, erlebte ich drei Energiekugeln, je gebildet aus gefalteten Händen, umeinander geschlungenen Füßen und hängendem Kopf.

Todmüde sprang ich noch einmal aus dem Bett, um die Reisetasche vor die klappernden Schranktüren zu stellen, da ich glaubte, der Wind sei schuld, wollte aber das Fenster nicht schließen.

Es folgte „Poltern des Vaters im Schrank":

Das Klappern der Schranktüren nahm zu und ich lag wie gelähmt vor Schreck, denn es waren Fußtritte des Vaters; deutlich spürte ich seinen Hauch. Mit zunehmendem Zorn nahm ich den Kampf auf und in Kauf, dass er leibhaftig aus dem Schrank treten würde. Mit voller Konzentration auf meine Tiefenatmung lachte ich sogar höhnisch in Siegerlaune. Das Poltern hörte um Mitternacht – am

Geburtstag des Vaters – auf; es hatte nach subjektiver Schätzung
etwa eine Stunde gedauert.

Am Morgen strömte die Energie in Schulter und Schulterblättern intensiv und freudig sagte ich: „Vater, lass uns Frieden schließen", hochbeglückt über die ausgestandene Schrecklähmung.

Als abends vor dem Einschlafen wieder Furcht aufkam, ließ ich das Licht brennen:

Das Licht ging aus, wieder an, und ich wusste, dass damit der Spuk
gelöst sei, löschte das Licht und schlief sofort ein.

Erst am anderen Morgen stellten sich Kopfschmerzen ein, denn die technische Beteiligung am spirituellen Prozess überstieg mein Denkvermögen. Den Nachmittag verbrachte ich mit der Studentin, kam spät heim und schlief problemlos ein.

Meine Verwirrung über das technische Lichtflackern hielt an. Als ich nach meiner offiziellen Ausschulung die Tate Gallery aufsuchte, blieb ich gebannt vor einem Porträt stehen, das einen erleuchteten Mann darstellte, stürzte nach Hause und erlitt einen Schüttelanfall, heftig wie ein Erdbeben.

Nach dem Schüttelanfall sah ich klar: Vom Ausbilder war meine
spirituelle Selbstanalyse als Frühstörung abgetan worden, und mit
Poltern und Lichtflackern wäre erst recht keine Verständigung zu
erwarten. Die Vateranalyse bekam nun den höheren Sinn, mich
vom Ausbilder in der Schlusswoche zu verabschieden, um frei zu
sein für ein selbstbestimmtes Leben, notfalls mit Schreiben einer
Autobiografie.

Am letzten Samstag fuhr ich als Begleitperson der Freundin mit dem Schulbus nach Canterbury, wo wir über Poltern und Lichtflackern auf kosmische Vorgänge zu sprechen kamen; sie hatte den Himmel von einer Schulsternwarte aus beobachtet. Am Sonntag feierten wir unseren Abschied in London: Wir fuhren Riverbus, besuchten das Planetarium und den Film *Viel Lärm um nichts,* wonach wir den Tag ausklingen ließen im Pub „Shakespeare" in Soho.

Die letzte Nacht vor meiner Busheimreise verbrachte ich noch einmal im Stammhaus. Am Abend führten mich die Hausherren durchs Indische Viertel, wo wir unser Abschiedsessen einnahmen.

Des Nachts wachte ich mit asthmatischem Giemen aus einem Albtraum auf; der Ernst des Lebens meldete sich zurück.

7. Bewusstseinsprozesse „Selbstanalyse" und „Visionslektionen" für den Kraftakt „Ausbilderabschied" mit Erfolg: „Bye-Schrecklösung" mittels Gruppenaussprache und ein frohes Abschlussfest zur beruflichen Einstimmung – bis zur Schockentlassung (1993)

Nach einer anstrengenden Busheimreise bereitete mir die Vermieterin ein Begrüßungsessen mit der Hiobsbotschaft „Zimmerkündigung zum Jahresende". Damit verlor ich meine existenzielle Sicherheit, denn noch wusste ich nicht, wie es nach der Ausbildung weitergehen würde. Am zweiten Tag in Hamburg war London bereits in weite Ferne gerückt. Meine Holsteiner Schwester lud mich zur Spritztour an die Nordsee ein, wo ich erstmals wieder Luft bekam.

Am fünften Tag der Rückkehr eröffnete ich mein Büro: Die Vateranalyse drängte, denn sie bildete die Grundlage für den Ausbilderabschied, um hinterher – wie auch immer – ein eigenverantwortliches Leben führen zu können. Zunächst mussten die Tagebücher abgetippt werden. Die technische Arbeit unter Zeitdruck schenkte Halt in unsicheren Zeiten. Meine bisher vielgeliebte Wohnhöhle nervte jetzt als unerträgliche Dunkelkammer; ich fühlte mich rundum zusammengepresst. Eines Morgens wurden beim Wannenbad meine Lebensgeister durch eine kosmische Brusttransformation wieder wach:

Beim Heben der Hände in der Wanne entstand ein riesengroßes Herz, das die ganze Brust ausfüllte, welche mit himmlischer Energie über Hände und Arme aufgetankt wurde.

Mit Brusterregung realisierte ich meine Umtriebigkeit seit der Rückkehr aus London vor zwei Wochen: Ich lief zu drei Englischkursen, statt mich festzulegen, und im Zimmer sah es wüst aus. Mit neuem Schwung schaffte ich Ordnung und entschied mich für meine alte Englischklasse mit dem vertrauten Lehrer. Am Folgetag startete ich wieder mit einem Bad, wobei mir eine kosmische Selbstherztransformation widerfuhr:

Zunächst rutschte das Herz mit einem Ruck in den Rumpf-Kopf-Bereich, von wo es sich im Zeitlupentempo ausbreitete, bis es die ganze Gestalt zwischen Beckenboden und Haarwurzeln ausfüllte, wobei kosmische Energie aufgenommen wurde über Hände und Arme, indes die Beine den Energiekreislauf schlossen, tiefen Frieden zeugend.

An jenem Tag lud mich ganz überraschend die Holsteiner Schwester in die Harburger Berge zum Wildschweinessen ein. Nach einem wunderschönen Ausflug erlebte ich abends – im Telefongespräch mit der Schwester – eine Entfesselung der Schulterblätter mit Knack:

Beim Telefonieren widerfuhr mir mit „knack" die Entfesselung der Schulterblätter, wonach die Brust freier atmete.

Eine Nichtswahnkrise folgte: Seit London bekam ich kein Arbeitslosengeld mehr, weil ich mich einen Tag zu spät zurückgemeldet hatte;

reine Routinesache. Ich lebte seither auf Pump, doch die Wartezeit zermürbte: Ich hatte Schulden gemacht für eine Ausbildung, die vermutlich keinen beruflichen Wiedereinstieg bringen würde, lebte von Unterstützung und war auf unbestimmte Zeit auf Untervermietung angewiesen, trieb mich in London herum und blieb für alle eine Last. Um nicht ins schwarze Loch abzurutschen, tippte ich wie verrückt von früh bis spät.

Der Zufallsbesuch eines Theaterdozenten aus DDR-Zeiten weckte wieder meine Lebensgeister: Wir hatten uns seit meiner Ausreise nicht gesehen und viel zu erzählen, wobei meine Lebensgeschichte und die Londonabenteuer wieder lebendig wurden. Hinterher begriff ich den Wahnsinn der Körperpsychotherapieausbildung: Wer ich war und was ich kann, interessierte die Ausbilder nicht, sie hatten nur vor, mich als Versager vorzuführen, besonders nachdrücklich am Abreisetag jeder Ausbildungssequenz, um meine erzielten Erfolge wieder zu zerschlagen.

Ein Traum lenkte meine Aufmerksamkeit auf die bevorstehende Co-Abschiedsrunde:

Ich lebe im Durchgangszimmer und lasse mich von einem daherlaufendem Mann sexuell verführen, der mich auf dem Höhepunkt verlässt, um mit seinem Kumpel weiterzuziehen. Ich wache hoch erregt auf.

Der Traum brachte die Co-Abschiedsrunde in Erinnerung, die ich in meinem Eifer, mich vom Ausbilder zu verabschieden, völlig ausgeblendet hatte. Der Co-Abschied in zwei Wochen – als Bewährungsprobe für einen erfolgreichen Ausbildungsabschied – lastete jetzt schwer auf meiner Seele.

Der Co spukte wieder im Kopf herum, doch Tippen lenkte ab. Nach langem Tipptag widerfuhr mir ein Transformationsprozess der Standfestigkeit:

Eingangs strömte die Vorderseite von den Fußspitzen bis ins Gesicht, dabei auch horizontale Energieströme vom Kreuz zum Bauch und vom Nacken zum Kinn, gefolgt von riesigen Fersenknochen mit elektrischen Entladungen an den Achillesfersen und ins rechte Ohr, wonach eine untere Skeletthälfte hervorgebracht wurde, dabei auch eine Rückenströmung bis hoch zum Nacken; weniger präsent blieben der knöcherne Schultergürtel und die Hände. Durchweg dominierten die Fersenknochen, subjektiv erlebt als Standfestigkeit.

Immer wieder quälten Alltagssorgen, doch Tipparbeit half über die Runden. In einer Mittagspause, beim Hören von klassischer Musik, erlebte ich die Glückseligkeit essenzieller Schwingungsfähigkeit:

Eingangs öffneten sich alle Gelenke von unten nach oben bis zu den Kiefergelenken, wobei ein Energiesaum über die Gestalt hinaus entstand bei gleichzeitiger Durchdringung von Musik; vor Seligkeit schluchzte ich auf.

An jenem Abend widerfuhr mir der Geistprozess „Seelenreise auf schwebender Wolke":

Plötzlich stand ich aufrecht auf einer Wolke. Beim Dahinschweben berührte zart der Wind die hauchdünne Vorderseite mit einem riesengroßen Mund, indes sich eine weite Rückseite in die Unendlichkeit verlor; Freiheitsrausch der Seelenreise.

Anderntags krampften die Kiefergelenke. Eine Co-Katastrophe wurde zur Gewissheit, doch eine wahre Geschichte im Fernsehen half in der Not: Eine krebskranke Tänzerin siechte dahin, bis ihr Vater sie mit ihrem Tod konfrontierte, was eine Verzweiflungskrise auslöste, wonach sie den Überlebenskampf aufnahm und gesund wurde. Meine

Geschichte war eine andere, doch ihre ermutigte mich, den Co-Miss-brauch anzugehen. Danach begriff ich die Co-Abschiedsrunde mit nur vier Tagen im Oktober als überschaubares Ereignis.

Neun Tage vor der Co-Begegnung war die Tipparbeit fertig mit erneuten hundertneunzig Manuskriptseiten. Da ich mit der Strukturarbeit erst nach erledigtem Co-Abschied loslegen wollte, gönnte ich mir einen Krimi auf Englisch, wobei sich die Empfindung einstellte, mit einem Energiekörper schwanger zu sein, wonach sich in der Frühe anderntags die Vorstellung ergab, dass der Energiekörper wie ein Küken die Schale sprengen würde, was am Nachmittag mit einer Energieentfesselung aus dem Rücken wie aus Schleusen eingeleitet wurde, wonach das Haupt die Führung übernahm:

Nachmittags die Prozesseinleitung der Energieentfesselung aus dem Rücken wie aus Schleusen, dann – eine Stunde nach Mitternacht – knackte es in der unteren Körperhälfte, wonach die Muskulatur im Rücken durch die Füße wellenförmig abströme. Nach Schauerwellenerregung des Hinterhaupts übernahm das Haupt die Führung, was eine Fleischabströmung von oben hinab durch die Füße mit Donnergewalt auslöste; späterhin beteiligte sich auch die Vorderseite, aber weniger heftig. Der Prozess, wie Sterben erlebt, dauerte schätzungsweise zwei Stunden. Im Nachhall war der Schultergürtel lebendig geworden.

Noch am nächsten Tag war ich fassungslos, doch die Schultergürtelerregung hatte die Co-Fixierung gelockert. Bei Rekapitulation der Selbstanalyse kam die Idee, mich auf Gruppenkontakt zu konzentrieren, analog zum ersten Ausbildungsjahr mit Rückzugsstrategie „Ausleben in Dreiergruppen". Ich hatte die Gruppe seit Mai nicht gesehen und Wiedersehensfreude stellte sich ein. Als ich noch einmal in der Selbstanalyse blätterte, widerfuhr mir die Transformation eines beidseitigen Erregungsausgleichs:

Beim Ruhen mit beiden Armen auf der Brust wurde der linke Unterarm schwer wie Gips. Bei Konzentration auf den Gipsarm begann die linke Seite zu strömen und – durch Kreation eines Energiekegels im linken Auge – sprang die Erregung über auf die rechte Seite, Erregungsausgleich schaffend.

Am Abreisetag frühstückte ich in aller Ruhe im Bett, wonach ich noch einmal die Seele baumeln ließ. Dabei ereignete sich die Transformation „Tiefenabschottung für Tatendrang mit Herzkraft":

Ein Energiestrom von den Beinen hoch zur Stirn wurde von tiefen Brustspannungen überschattet, welche ein riesengroßer Kehldeckel wegsperrte, wonach das Herz auftauchte; tatenfreudig begann der Tag.

Co-Abschiedsrunde:
In der Eröffnungsrunde hörte sich der Co mein Polterereignis in London ohne Regung an. Am Nachmittag führte er ein Seminar zum Thema „Schuld und Scham" durch, das lebhaft diskutiert wurde wie in einer Talkshow, denn mit uns im Hier und Jetzt hatte das alles nichts zu tun. Ich ging ziemlich verwirrt davon, doch beim geselligen Billardspiel in der Kneipe kriegte ich mich wieder ein, wonach ich beschloss, mich in den nächsten drei Tagen nur noch auf Übungsarbeit zu konzentrieren.

Am zweiten Tag fand meine erste Klientenübung statt zum selbstbestimmten Thema „Verwöhnung":

Ich lag bäuchlings auf der Matte, meine Therapeutin saß auf den Oberschenkeln und gab Halt, wobei sich mein Schultergürtel entspannte. Als ich meinen Kopf aufstützte, sagte ich dem vor mir sitzenden Co ins Gesicht, dass er sich für mich engagieren müsse, denn er sei auch für mich verantwortlich. Danach konzentrierte ich mich auf meine Rückenwahrnehmung: Die Therapeutin zog meine Schultern mit Kraft zu sich nach hinten hoch, was reinste Wonne war. Ganz zum Schluss ließ ich mir noch auf die Beine helfen, wonach ich mich wie neugeboren fühlte.

Meine erste Arbeitssession am Nachmittag wurde von der Assistentin A als beachtliche Leistung eingeschätzt.

Der dritte Tag begann mit meiner zweiten Klientensession zum selbstbestimmten Thema „Kontakt ohne Selbstverlust":

Es ergab sich, dass wir zwei Frauen hintereinander auf dem Rücken lagen und uns mit unseren Fußsohlen berührten. Immer wieder hoben wir gleichzeitig unsere weit entfernten Köpfe und lachten uns an, wonach sich jeder wieder zurücklehnte. Unsere essenzielle Verbundenheit führte zur Zerreißung einer Energieblockade hinter der Nasenwurzel, wonach der Kopf leer und frei wurde.

Eine Co-Demonstrationssession am Nachmittag war nicht ganz gelungen, aber spannend. Doch das Schöngerede aller in der Nachbesprechung war kaum auszuhalten.

Den Abreisetag begann ich frohgemut, denn mich hatte der Co in Ruhe gelassen. Vor meiner zweiten Arbeit setzte der Co-Ausbilder eine Gruppenübung zu viert an, in der jeder seine Geschlechtsidentität nonverbal ausdrücken sollte. Ich legte nach tagelanger Zurückhaltung los, bis ich den feindseligen Blick meiner Klientin auffing. Die aufgebaute Arbeitsbeziehung war dahin, und zornig raste ich durch den Raum, dicht vorbei am bequem sitzenden Co, der seine Beine ängstlich einzog. Doch wider Erwarten machte dann die Arbeit so viel Spaß, dass ich die Zeit überzog. In der Supervisionsrunde verhalf mir Assistentin A zur Klarheit, dass meine Klientin von mir manipuliert worden sei, doch meine Frage zur guten Arbeitslaune blieb offen. Der Co zählte in abschließender Runde meine Therapiefehler auf, und ich biss die Zähne zusammen.

Doch auf der Busheimreise gewann ich über das Detail „gute Laune" den Durchblick zur Gesamtsituation: Im Verwirrklima hatte ich mich auf die Arbeit konzentriert. Als meine aufgebaute Arbeitsbeziehung der ersten Session mit intriganter Übung zerstört worden war, manipulierte ich die nun bockige Klientin, um nicht wieder in der Opferrolle strampeln zu müssen; der unbewusste Wechsel von der Opfer- zur Täterrolle als Grund der Freude.

Gleich anderntags erläuterte ich in einem Brief an Assistentin A meine gute Laune trotz schlechter Leistung im Kontext der Gruppendynamik; der Co erhielt eine Briefkopie ohne ein persönliches Wort. Für mich war damit der Co-Abschied gelungen.

Mit Bewegung in freier Natur bekam ich wieder Luft, wonach der Co aufs Ordinärste beschimpft wurde in dunklen Straßen – zu Fuß vom Sprachenclub nach Hause. Mein Hin und Her nahm erst nach zwei Wochen mit einer kosmischen Vision ein Ende:

Abends im Bett blickte ich in eine schwingende, unendlich weite Dunkelheit, die mir zutiefst Ruhe schenkte, und früh, nach Erwachen, sang ich fröhlich „Stille Nacht" – am 24. Oktober.

Die Strukturierung der Vateranalyse drängte, denn die sollte der Ausbilder noch vor der Abschiedswoche zugeschickt bekommen.

Bei Festlegung der Vateranalyse-Zeitrhythmen traf in einer Arbeitspause ein Blitzstrahl das linke Auge:

Ein dicker, hellgelber Blitzstrahl traf frontal aufs linke Auge bis in die Tiefe, wobei in der Schrecksekunde die Daseinsfassung verlorenging. Erst nach einer Weile war ich wieder voll da, allerdings mit Nackenkrampf.

Anderntags wurde Daseinsfreude von einer großen diagonalen Atemwelle zwischen Hüfte und Schulter mit strömender Gliedmaßenbeteiligung ausgelöst:

Nach großer diagonaler Atembewegung zwischen Hüfte und Schulter entstanden Seitenströme von den kleinen Zehen – entlang an Rumpf und Achseln – zu den kleinen Fingern; Daseinsfreude zeugend.

Im Nachhall begriff ich meinen Zorn über die Co-Falle als Ursache meines Ausrastens in der Arbeitssession. Ich musste in der Schlusswoche unbedingt Distanz wahren, denn ein Kontrollverlust würde meinen Abschiedsplan durchkreuzen.

Beim Überraschungsbesuch eines auswärtigen Neffen, der gerade infolge einer Berufsintrige suspendiert worden war, erörterten wir Problemstrategien. Er reiste mit neuem Mut zurück, doch mich plagte des Nachts ein Hinterhauptskrampf. Anderntags erlöste mich ein Vitalstrom, der zu einer kompakten Energiefüllung des Brustraumes führte:

Ein aufsteigender Vitalstrom bildete Energiescheiben in der Brust, gestapelt wie Teller, auch die Herzhinterwand durchsetzend; eine horizontale Brusterdung als Daseinsfundament.

Die Zeitrhythmen-Festlegung der Vateranalyse bewirkte innere Lebendigkeit mit Selbstauftanken des Herzens:

Die Geistklärung der Vateranalyse-Zeitrhythmen verursachte eine zentripetale Herzstärkung, ausgehend von Energieströmen aus Armen, Beinen und dem Hinterhaupt.

Nach der Textgestaltung „Angstbewältigung im Polterduell mit dem Vater" erledigte ich Haushaltspflichten, doch nachts überkam mich Angst vor Ausbilderkritik:

Bei der Nachbetrachtung der erregenden Polterauseinanderset-
zung mit dem Vater kreisten die Gedanken um den Ausbilder,
wobei das Herz im Spannungsfeld zwischen Zwerchfell und Na-
cken schmerzte.

Das *I Ging* verstärkte meine Angst vor Ausbilderkritik: das Bild „Die Anfangsschwierigkeit" betonte die Notwendigkeit, die chaotische Fülle zu ordnen und zu gliedern, was ohne Führer nicht ginge. Nachhallende Versagensangst wurde von einer embryonalen Transformation abgefangen:

Eine embryonale Regression mit starker Erregung im linken Arm
und Nacken zeugte eine ungeheure Frische, welche Herzschmerz
und Ausbilderangst transzendierte.

Inzwischen tippte ich den Anhang mit chronologischer Auflistung aller spirituellen Daten, da ich im Text nur mit chronologisch durchnummerierten Transformationsüberschriften gearbeitet hatte, um mit zehn Manuskriptseiten auszukommen. Der Datenanhang offenbarte die ungeheure Schöpferkraft, die mir als Geschenk des Himmels zuteil geworden war. Mein persönliches Problem blieb einzig und allein mein ängstliches Herz, das mich immer aufs Neue an den Ausbilder fesselte.

Am Tag vor meinem einundfünfzigsten Geburtstag widerfuhr mir die Vision eines leuchtenden Männergesichts mit buschigem Bart:

Ich sah ein leuchtendes Männergesicht mit schwarzem, buschigem
Bart, wobei die Energie kreuz und quer durch den Rumpf strömte,
dabei Schlappheit verursachend.

Zum Geburtstag kamen meine drei Schwestern und ein Schwager zu Besuch, denn die verreiste Vermieterin hatte mir ihre Räumlichkeiten zur Verfügung gestellt. Ich war eigentlich der Geburtstagsgast, denn ich brauchte mich um nichts zu kümmern. Mir saß ein bartloser Schwager gegenüber und blitzartig begriff ich, dass die leuchtende Vision vom Vortag ihn verkörpert hatte, was mir durch den buschigen Bart entgangen war.

Nachdem der Besuch abgereist war, kam mir beim Nachdenken über die leuchtende Vision der Ausbilder in den Sinn: Er hatte mich mit dem Verfremdungsdetail „eisiges Schweigen zum Co-Missbauch" in Schwung gehalten mit neuen Kontaktstrategien, indes sein Stellvertreter mich weiterhin drangsalierte: eine Schwagervision zur Geistklärung, dass eine geheime Verbindung die Erscheinungswelt vereine.

Nach Textgestaltung des Kapitels „Poltern und Lichtflackern" widerfuhr mir abends die Vision eines eckigen Zylinders aus leuchtendem Gitterwerk, der sich im Unendlichen verlor:

Ich schaute in einen eckigen Zylinder aus feinem, hell leuchtendem Drahtgeflecht mit unendlicher Tiefe; ich als Beobachter und Teil des Ganzen

Die leuchtende Vision verwirrte nur, doch sie blieb als Geistprozess unvergesslich.

Anderntags litt ich nachmittags unter Stuhldrangzwang, der mit einer Verwirrüberflutung endete:

Eingangs kam ich wegen Stuhldrangzwang vom WC nicht herunter, doppelt zugestöpselt mit Darm- und Nackenpfropf, dann Zwangslösung auf natürliche Weise mit Energieüberschuss, der mit Einkaufen bewältigt werden konnte, wonach sich weiche Muskelwellen im vergrößerten Beckenraum einstellten, die eine zweitägige Verwirrung mit sich brachten.

Routinetipps klappte trotz Verwirrung.

Es folgte eine Gedankenübertragung mit einem Fremden in der U-Bahn:

In der U-Bahn kicherte ein mir gegenübersitzender Mann vor sich hin, und ich schloss genervt die Augen, die ich bei der Empfindung, von hinten gewürgt zu werden, aufriss: Der Fremde hatte sich zu mir vorgebeugt und sagte kichernd, dass er sich gerade einen Witz erzählt hätte. Ich nickte wissend und sah ihn fest an, wobei er ruhig wurde und sich dann wegsetzte.

Das Grübeln über die Gedankenübertragung per Hellempfindung hielt zu Hause noch an, bis eine Vision die Gedankenbewegung stoppte:

Beim Grübeln tauchte eine Vision mit zwei rechteckigen, grau gestreiften Feldern auf, die mich vorwurfsvoll anschauten und forderten, mich dem großen Ganzen anzuvertrauen.

Die visionären Geistprozesse überstiegen mein Denkvermögen, unterstützten jedoch das Vorhaben, mich in der Schlusswoche vom Ausbilder zu verabschieden und mein Leben selbst zu bestimmen.

Die Vateranalyse war abgeschlossen, doch zunächst begleitete ich die Holsteiner Schwester nach Rostock, zu unseren anderen zwei Schwestern. Beim Dösen auf der Rückfahrt im Auto – mit hängendem Kopf – erlebte ich eine Augentransformation der Schultergelenke:

Nach dem Schwesterntreffen in der Heimatstadt widerfuhr mir auf der Heimreise, beim Dösen mit hängendem Kopf als Beifahrer neben der Holsteiner Schwester, die Transformation der Schultergelenke in ein jeweils großes Auge.

Danach erst schickte ich die Vateranalyse an den Ausbilder ab mit folgender Schlussbemerkung (Zitat):

„Ich weiß nicht, wie es weitergeht. Das Zulassen einer solchen Situation ohne den Griff nach einem attraktiven Ziel ist das Ergebnis meiner neuen Reife."

In den zwei Wochen bis zur Abschiedswoche kämpfte ich mit Übelkeit: Eingangs bummelte ich durch die Innenstadt, kehrte aber um und kroch ins Bett. Die Übelkeit blieb und steigerte sich mit Blubbergeräuschen in Luftröhre und Bauch, die zwar für Entspannung standen, doch Nierenschmerzen kamen hinzu. Die Übelkeit schien von hinten zu kommen, wobei sich noch ein seltsamer Wundschmerz im Bereich der Lendenwirbelsäule einstellte. Eine Augenvision brachte Erleichterung:

Zunächst atmete der Rumpf mit einer Welle bis hoch zur Schädeldecke, wobei mir eine Augenvision widerfuhr: Beide Augen scharf konturiert, das linke intensiv leuchtend, das rechte schwarz-dunkel. Zum Schluss wurde auch das linke Auge dunkel, subjektiv erlebt wie ein Abschied von Augenvisionen.

Mein Zustand blieb labil. Die Übelkeit überdauerte alle anderen Zustände, unter anderem eine verspannte Lendenwirbelsäule, weit geöffnete Ohren, Kiefergelenkskrämpfe.

Die Vermieterin spendierte mir einen Saunabesuch für eine Veranstaltung in der Wohnung: Im Saunaruheraum dachte ich über die Fremdberührung des Ausbilders nach, denn ich spürte ihn nicht, nur seinen Co. Mit der Vorstellung, vom Ausbilder an Hals und Brust zärtlich berührt zu werden, kam eine tiefgehende Schultergürtelbewegung in Gang:

Bei phantasierter Vorstellung einer zärtlichen Berührung des Ausbilders an Brust und Hals kam der Schultergürtel in Bewegung mitsamt den Schulterblättern, dabei erfolgten schmerzhafte Energieentladungen an den Fersen.

Anderntags schärfte ich mir ein, den Ausbilderabschied mit Konzentration auf mein Herz zu vollziehen. In jener Nacht widerfuhr mir ein schrecklicher Albtraum:

In letzter Traumsequenz verhinderte ich die Hinrichtung einer unschuldigen Frau, deren Kopf schon auf dem Richtblock lag; alles äußerst widerlich.

Im Wachsein signalisierten Blubbergeräusche innere Entspannung, dabei wurde die Abschiedskatastrophe zur Gewissheit. Es folgte ein Albtraum mit Feuerstrahlterror ohne Ende, wonach sich Angst vor dem Umfallen durch einen Ohnmachtsanfall einstellte; nur im Bett fühlte ich mich noch sicher. Am letzten Tag vor der Abreise wurde mein panischer Zustand von einer Vision mit Lichtpunkten gemildert:

In Bauchlage auf dem Bett sah ich drei hellgelbe Punkte, danach einen roten in der Mitte und abschließend einen graublauen vor dem rechten Auge; Bewegungslust kam auf beim kraftvollen Wurf des rechten Armes nach hinten.

Bereits in Reisekleidern kroch ich noch einmal ins Bett und trank den Tee, den mir die Vermieterin reichte. Danach überstand ich die Busfahrt leidlich.

Die Abschiedswoche:
An den ersten beiden Tagen der Abschiedswoche waltete der Co und ich schaltete auf Durchgang. Auf dem Heimweg am zweiten Tag brachte Würgen an einer Straßenbahnhaltestelle Erleichterung.

Am dritten Tag versprach mir der Ausbilder in seiner Begrüßungsrunde ein Gespräch in den nächsten Tagen über den Zusammenhang von Vateranalyse und Übelkeit; mit Tränen der Erleichterung lehnte ich mich zurück. Im Anschluss konnte ich meinen angestauten Zorn über den Co in einer Übung ausagieren: mein Partner und ich liefen entgegengesetzt um eine Matte, wobei ich jedes Mal bei unserer Begegnung eine Schimpfkanonade abließ. Als ich mich leer geschimpft hatte und innehielt, wurde mir wieder übel. Abends in der Kneipe verließ ich fluchtartig eine gesellige Runde beim Anfall „Sterben-zu-müssen": ich lief um mein Leben entlang der zur Unterkunft führenden Straßenbahnschienen:

Der Anfall „Sterben-zu-müssen" war wie aus heiterem Himmel gekommen, und ich stürzte davon, ohne mein Bier angerührt zu haben. Wie von Sinnen lief ich entlang den Straßenbahnschienen, bis mir an einer Haltestelle das Würgen kam, wobei mit schneidendem Schmerz irgend etwas im Bereich der Lendenwirbelsäule zerriss, wonach Erleichterung eintrat. Nachts schlief ich mich gesund, denn ich erwachte wie neugeboren; die Welt hatte mich wieder.

In der Morgenrunde des vierten Tages berichtete ich strahlend von meiner Heilung im Schlafe, und abends ging ich mit mir und der Welt im Einklang nach Hause. Der Ausbildungsschluss war absehbar.

Der fünfte Tag startete mit einer Meditationsübung, die der Co so gewichtig erklärte, als hätte er sie selbst erfunden, daher fragte ich ihn, ob sie dazu dienen solle, sich selbst zu ändern. Sein Schweigen unterbrach ich mit der Bemerkung, dass dies meine Bemühung sei.

Es folgte die einzige Therapieübung der Woche, wobei der Ausbilder die Arbeitspaare durch Sitzordnung festgelegt und das Thema „Kontakt" vorgegeben hatte. Zu meiner Klientin hatte ich einen guten Draht. Mir fiel zum Arbeitsthema „Kontakt" nichts ein, was ich thematisierte und worüber wir ins Gespräch kamen. Der beisitzende Ausbilder schleuderte mir abschließend ein eiskaltes „Du brauchst Therapie!" entgegen und vor Schreck erstarrte ich. Als er die Frage nach meinem Gefühl nachschob, sagte ich, dass ich gar nichts fühle, wonach die neben ihm sitzende Assistentin B mir seine geforderte Therapie erläuterte mit „Redenmüssen übers Trauma", womit sie so ins Schwarze traf, dass meine Energie wieder in Gang kam. Daraufhin umarmte mich der Ausbilder von hinten, wobei mein Rücken wie verrückt zu strömen anfing. Er flüsterte seine Therapieforderung in mein Ohr, und das Ganze endete mit einer Terminvereinbarung zur Gratissession bei ihm.

In der Mittagspause, allein am Tisch beim Chinesen, kam ich zur Besinnung: Der Ausbilder hatte kein Wort über meine Vateranalyse verloren, auch kein Wort über meine Arbeitssession, nur energisch meine Eigentherapie gefordert und mir eine Privatsession gewährt. Mein Vorhaben, die Ausbildung endgültig abzuschließen, wäre damit vereitelt. Beim Essen ließ ich meinen Tränen freien Lauf. Auf dem Weg zur Einrichtung entwarf ich in Gedanken eine Gruppenaussprache, die der Ausbilder dann genehmigte mit dem Hinweis, dass damit unsere Session entfallen würde.

Vorerst fand die Geburtstagsfeier einer jungen Teilnehmerin statt. Sie überreichte jedem von uns eine kleine Aufmerksamkeit und ein brennendes Teelicht. Ich bekam eine Walnuss, symbolisch für „harte Nuss"; übermütig warf ich die Nuss mit links in die Höhe, die ich problemlos wieder auffing. Danach lehrte sie uns einen Gruppentanz. Ein schöneres Präludium für meine Aussprache hätte ich mir nicht ausdenken können.

Der Ausbilder eröffnete meine Veranstaltung mit der Ansage, dass mir Eigentherapie fehle.

Ich appellierte an klare Rückmeldungen, denn in der Co-Abschiedsrunde und heute hätte ich wieder meine Therapeutenrolle missbraucht. Mit frühkindlichem Vatertrauma und einer Co-Bevormundung von Anfang an sei ich zunehmend unter Druck geraten. Als der Student noch bei uns gewesen sei, hätte ich das Gruppenbild gehabt mit dem Co als Mutter von zu vielen Kindern und dem Ausbilder als zu selten präsenter Vater, heute hingegen: eine harmonische Familie, zu der ich nicht dazugehöre. … Die erste Bemerkung, ein Ratschlag „Eigentherapie" des

Geburtstagskindes, konterte ich energisch mit dem Hinweis, dass mir Ratschläge nichts nützen würden. Es folgte ein freundlicher Beitrag eines Mitglieds meiner Ex-Peergruppe, den ich brüsk abtat, wonach ich vor Schreck darüber erstarrte. Doch meine nachgeschobene Erklärung, dass ich beim Rausschmiss aus der Peergruppe nichts gespürt hätte und soeben die Kränkung zum Vorschein gekommen sei, wurde akzeptiert. Es folgten nur noch positive Rückmeldungen, sogar vom Geburtstagskind. Zum Schluss erkundigte sich der Ausbilder nach meinen Wünschen, und ich nannte klare Rückmeldungen anstelle eines Sonderstatus, wonach ich einen Rappel kriegte: Auf der Erde sitzend trommelte ich mit beiden Fäusten auf dem Boden und sagte dem Ausbilder ins Gesicht: „Ich brauche die Gruppe"; es blieb das Schlusswort.

Am Abend fand ein sehr gut organisiertes Abschlussfest statt, und ich befand mich mittendrin. Zur Melodie „Yesterday" tanzte ich flott mit dem Co, doch der Tanz mit dem Ausbilder blieb quälend. Ich feierte bis zur Neige, wonach ich mit meinem vertrauten Torero, der anderntags mein Therapeut sein würde, noch ein Stück Nachtbus fuhr.

Der sechste Tag startete erneut mit einer Meditation, die der Co wichtigtuerisch erklärte. Eine Frau fragte ihn übermütig, ob er die Übung aus dem Lexikon habe, doch sie wurde vom Ausbilder mit einem eisigen Blick bestraft. Der Alltag hatte uns wieder.

Nach der Meditation blieb ich noch rücklings auf der Matte liegen, wobei mir der Taschenmesserreflex widerfuhr; ein Reflex der Mitte, bei dem Knie und Stirn zusammenklacken.

Es folgte meine Klientensession, wobei mir mein vertrauter Therapeut versprach, sich nicht in meinen Prozess einzumischen. Ich lag rücklings auf der Matte und er saß rechts von mir:

Anfangs schauten wir uns nur an, und dabei rutschte das Zentrum der Erregung von den Augen mit „klack" in die Ohren, was ich

rückmeldete. Der Ausbilder schlug im Vorübergehen eine Berüh-
rung der Ohraura vor, und mein Therapeut legte seine Hände an
meine Ohren, ohne sie zu berühren. Bei fortgesetztem Blickkontakt
rutschte mit „klack" die Erregung in den Mund, und ich fing an zu
wimmern wie ein Säugling. Nun sagte der Therapeut doch etwas,
und vor Empörung über seine Einmischung riss ich den Mund ganz
weit auf und hatte plötzlich die Empfindung, Hoden im Mund zu
haben, was ich rückmeldete. Als ich den Therapeuten nach einer
Weile anblickte, liefen ihm Tränen übers Gesicht und sein Schmerz
traf mich ins Herz: Eine Erregungswelle – wie eine Flutwelle nach
Dammbruch – ging los und die ganze Gestalt begann konvulsivisch
zu zucken. Meine linke Hand hielt das Herz und die rechte die Hand
des Therapeuten. Der Ausbilder kam von links, hielt meinen Kopf
und sagte: „Dein ganzer Körper schmilzt", doch ich hielt weiterhin
Blickkontakt zum Therapeuten. Bei unserer Abschiedsumarmung
im Stand wurde er von einem Weinkrampf geschüttelt.

Der Ausbilder lobte hinterher die Kompetenz meines Therapeuten und
ich blieb für ihn Luft.

Der Abreisetag startete mit einer Bewegungsmeditation, bei der ich
von Schnelligkeit auf Besinnlichkeit schaltete, denn der Ausbilderabschied war gelungen und ein beruflicher Wiedereinstieg in greifbare
Nähe gerückt.

Assistentin B, die in Hamburg wohnte, verkündete eine freie Stelle
in ihrer Einrichtung. Als ich diesbezügliche Informationen einholte
und erfuhr, dass der Co die Einstellung mitbestimmen würde, verlor ich jedes Interesse, doch da sie neben dem Ausbilder saß, fragte
ich ihn, ob er mich empfehlen würde, woraufhin er mir eine Thera-
peutenliste für meine Eigentherapie überreichte mit speziellen Empfeh-
lungen, dabei Assistentin B anschauend, die abwehrte und Assistentin
A empfahl, die ja auch zeitweise in Hamburg praktiziere. Nach der
Pause erläuterte der Ausbilder in öffentlicher Runde ausführlich meine

Therapiebedürftigkeit und die Gründe, warum Assistentin A nicht als meine Therapeutin geeignet sei.

Es folgte die Ausbilderabschiedsfeier: Wir saßen in gewohnter Runde, und er lief im Kreis, um jedem das Zertifikat mit Rose, persönlichem Heilstein und guten Wünschen zu überreichen; nur die Danebensitzenden konnten mithören. Nachdem er jeden privat beglückt hatte, wurde sein Stellvertreter für treue Dienste in aller Öffentlichkeit mit einem Kristall geehrt:

Das magische Bild des Kristallwechsels vom Ausbilder zum Co inmitten einer freudig erregten Gruppe, die mich wieder abgeschrieben hatte, gab mir den Rest.

Zum allgemeinen Abschiednehmen liefen wir durch den Raum; die Gruppe in gelöster Aufbruchstimmung, zumal für die meisten noch eine vom Co geleitete Weiterbildung bevorstand. Der Ausbilder umarmte mich von hinten und ich sagte: „Ich kriege gerade noch Luft", der Co meinte aufgeräumt, dass er mich eigentlich möge, und ich erwiderte: „Ich dich auch, nur nicht als meinen Ausbilder".

Vor dem Auseinandergehen ein letzter Schlagabtausch mit dem Ausbilder: „Ich hab schon immer gesagt, dass du Therapie brauchst" und „Ich habe schon immer gesagt, dass der Co eine Gegenübertragung hat." Danach saß ich wie benommen in der Kneipe unter fröhlichen Mitstreitern; mein Torero fehlte. Danach verpasste ich meinen Heimreisebus, denn ich hatte die Zeit vertan, fuhr per Chance im Leerbus zurück und kam halberfroren am frühen Morgen zu Hause an.

Gleich nach dem Frühstück erneuerte ich schriftlich den Ausbilderkontakt aus Angst vorm Abrutschen ins schwarze Loch:

Ich bat um Abschiedssitzungen und meldete mich gleichzeitig für eine Weiterbildung an, obwohl klar war, dass das Berufsleben endgültig gelaufen sei; Ausbilderkontakt als Überlebensstrategie.

Die Vermieterin verlängerte mein Wohnrecht und damit blieb mir mein Zufluchtsort erhalten.

8. Der Ausbildernachschlag „Eigentherapie" als Wegstrecke der Selbstbestimmung mit Rückendeckung im Englischclub und im Kosmossystem: *eine urtiefe Selbsterneuerung mithilfe eines organisierten Probetherapiemissbrauchs* (1994)

Mein Vorhaben, sofort mit der Autobiografie zu beginnen, gab ich wegen Erschöpfung gleich wieder auf. Das *I Ging* spiegelte die gegenwärtige Situation: Das Bild „Des großen Übergewichts mit innerer Stärke und äußerer Schwäche" nebst Zusatz, dass eine eigenwillige Person jeden Ratschlag ablehne und zusammenbrechen würde, traf mich zutiefst, denn statt Abschiednahme vom Ausbilder war er wieder zum Hoffnungsträger avanciert. Als ich mich in Ruhelage auf den Abschied besann, drehte ich weg wie im Narkoserausch, doch beim Laufen durchs Alstertal wurde die Gestalt neu belebt:

Beim Wandern begann die Gestalt zu strömen von den Fersen bis zu den Haarspitzen durch die Mitte, durch das Herz.

Bis Weihnachten in fünf Tagen plante ich Nichtstun, nur Erholung in der Natur. Zur Silvesterfeier meldete ich mich beim Cousin an, um in trauter Gesellschaft aus DDR-Zeiten aufzutanken. Zu Weihnachten verreiste die Vermieterin, und ich kam in den Genuss des Alleinseins. Heiligtag lief ich durchs Alstertal und dachte über den Ausbilder nach, der meinen Brief nicht beantwortet hatte. Dabei kam mir das Bild beider Ausbilder als Gaukler und Mäzen in den Sinn; diese funktionale Verbundenheit beendete ein Hin und Her von Schuldzuweisungen. Bei der Heimkehr fand ich einen Weihnachtsgruß vom

Ausbilder vor. Auf kleinem Weihnachtsanhänger erinnerte er nachdrücklich an die von ihm geforderte Eigentherapie und empfahl dafür Assistentin B. Sein Weihnachtsgruß erfreute mich; denn er hatte mich nicht vergessen. Heiligabend sang ich bei Kerzenschein Weihnachtslieder und frühstückte anderntags gemütlich im Bett. Zum Festbraten war ich eingeladen beim Hamburger Neffen. Ganz überraschend kam noch der auswärtige Neffe vorbei, der sich anschloss und bei mir übernachtete. Nach einem harmonischen ersten Weihnachtstag hielt ich dem Neffen vor seiner Rückreise noch einen Vortrag über angemessenes Verhalten im Kollegenkreis. Hinterher wunderte ich mich über meinen Erziehungseifer, bis ich den Sinn erfasste: mir fehlte der Kontakt zu Kollegen und die Kontaktleere schmerzte körperlich. Beim Überdenken der ausweglosen Situation bekam der Ausbildervorschlag „Eigentherapie bei Assistentin B" einen Sinn. Wir kannten uns, ihr gegenüber hatte ich keinerlei Vorbehalte und eine professionelle Zweierbeziehung bot die Möglichkeit einer Stabilisierung und Rehabilitation zugleich. Die Entscheidung zur Eigentherapie gemäß Ausbilderdogma führte zur Transformation tiefgehender Gestaltdurchflutung:

Zunächst ein unterer Energiekreislauf von den Füßen bis zur Taille, danach auch ein oberer bis zur Schulter, wonach sich beide Kreisläufe mit lauter kleinen Achten vernetzten.

Der Assistentin fühlte ich mich zwar gewachsen, doch für alle Fälle plante ich zur Sicherheit einen Londonsommer ein, dieses Mal für einen Hilfsjob im Krankenhaus, denn ich sehnte mich nach Teamarbeit. Damit bekam meine Mitgliedschaft im Sprachenclub existenzielle Bedeutung. Mit neuem Schwung meldete ich auf dem Anrufbeantworter der Assistentin meine Zustimmung zur Eigentherapie an, wonach ich die Silvesterreise antrat. Als mich der Cousin vom Bahnhof abholte, lagen die Ausbildungswirren bereits in weiter Ferne. An jenem

Begrüßungstag erlebte ich eine Augenvision mit einem strahlenden Auge rechts zum Schluss:

Eingangs zwei intensiv leuchtende Augen, die sich in Hellgrau auflösten; zum Schluss strahlte nur das rechte Auge intensiv.

Nach einer zünftigen Silvesterfeier im Freundeskreis der Familie des Cousins, der Mauerfall und Umzüge überstanden hatte, widerfuhr mir der Traum vom Tod als friedlichem Begleiter:

Im Traum begleitet mich geduldig der Tod, und ich fühlte mich in seiner Gegenwart wohl. Im Wachsein fragte ich mich besorgt, ob denn mein Leben zu Ende sei, wonach eine starke Wirbelsäulenerregung mit vertiefter Atmung inklusive Schulterblattentfesselung einsetzte.

Nach der Heimkehr bekam ich Angst, die Assistentin könne die Therapie ablehnen, denn sie hatte sich nicht gemeldet. Im Warteraum des Arbeitsamtes, bei Reiserückmeldung, widerfuhr mir die Transformation „Reintegration des Hinterhaupts":

Die Energie strömte durch die Gestaltmitte ab in eine weit geöffnete Schädeldecke; das Hinterhaupt war wieder im Körperschema.

Im Zustand der Aufregung wegen einer Satellitenschüssel, die ich mir mit Genehmigung der Vermieterin anschaffen wollte, denn beim Cousin hatte ich mitbekommen, dass man damit englischsprachige Fernsehsender empfangen könne, erhielt ich den Anruf der Assistentin, deren Stimme ich nicht gleich erkannte. Sie bestätigte meinen Antrag, schlug eine Vergütung der Missbrauchsbehandlung von der Krankenkasse vor oder eine Sondervergütung; wir einigten uns auf einen soliden Preis.

Hinterher beunruhigte mich eine erneute Eigentherapie-Zwangs-nötigung. Mit der Entscheidung „Einzelunterricht beim vertrauten Englischlehrer" plante ich meinen Freiraum für alle Fälle: Therapie-stunden und Englisch-Einzelunterricht, alle zwei Wochen alternierend. Des Nachts träumte ich vom Verbrechen als Falle für Opfer und Täter:

Im Traum erfriert eine Frau vor ihrem einsam gelegenen Haus, wobei ein Ehepaar, das den Hausschlüssel besitzt, aus einem Auto mit von innen verriegelten Türen zuguckt. Auf der Heimreise kommt das Auto ins Schleudern, und das Ehepaar verunglückt tödlich, da die Türen verriegelt waren. Im Wachsein schärfte ich mir ein, auf keinen Fall noch einmal die Opferrolle einzunehmen.

Beim Dösen am Nachmittag widerfuhr mir eine kosmische Offenba-rung der göttlichen Liebe:

Zwei dunkelblaue und atmosphärisch geladene Hirnkammern, danach je eine Blase im Hüftgelenk jeweils in Verbindung mit den Schulterblättern; eine atmosphärisch geladene Gestalttiefe von der Schamgegend ausgehend und das Hinterhaupt als Halt. Das Ganze traf mich wie eine Offenbarung und ich flüsterte: „Die Götter lieben mich", was ich mehrmals wiederholte. Hinterher spannten sich Kiefergelenke und Nacken wieder, doch ein Hauch göttlicher Liebe blieb zurück und die Gewissheit, dass die Wahrheit ans Licht kommen werde. ... Ein Gefühl des Neuanfangs wurde unterstützt von hervorströmender Energie aus der Wirbelsäule wie aus Schleusen.

In der Therapievorbesprechung meldete ich mein Bedürfnis nach part-nerschaftlichem Umgang mit klaren Rückmeldungen an, wobei ich den Co-Rollenzwang im Verlauf der Ausbildung an Beispielen belegte, doch sie stellte sich dumm und schlug sechs Probesitzungen vor. Wir einigten uns auf sechs Sitzungen, je im Abstand von zwei Wochen. Zum Abschied übergab ich ihr eine Kopie des Ausbilderbriefes als Zeichen neuer Offenheit. Hinterher war ich verärgert über ihre Dummstellerei, doch nach zwei Tagen stimmte ich ihr zu, denn Neuanfang stand an: Sechs Begegnungen verteilt auf ein Vierteljahr boten genügend Raum, um sich darzustellen.

Ein Bild vom Co-Ausbilder als Pokerspieler tauchte auf.

Ein Tag des Schreckens mit einer Ausbildermissbrauchs-Transformation und einem Wachkoma-Geistprozess folgte, der mich ans Bett fesselte:

Eingangs der Traum über eine heimliche Mutterzerstückelung bei offizieller Beziehungsklärung, wonach es mir so dreckig ging, dass ich im Bett bleiben musste. Dabei widerfuhr mir die Transformation „Brust voller Ausbildermissbrauch" – die untere Gestalthälfte fehlte. Mittags aß ich Griesbrei und nachmittags folgte ein Albtraum vom Co, der mich zwang, mein Studium zu wiederholen, wofür mir eine Schulfreundin Geld aufdrängte, was Verwirrung stiftete, doch die Schulden wurden nach Sachklärung beglichen. Im Wachsein widerfuhr mir der Geistprozess „Wachkoma-Erlösung": ein nacktes Knochengerüst wurde von einem inneren Energieband kraftvoll zusammengezogen, wobei Nacken und Schulterblätter wegknautschten, dabei schnarchte ich laut im Zustand totaler Auslieferung – wie im Wachkoma. Bei alledem fühlte ich mich ausgequetscht wie eine Zitrone, was im Hinblick auf Zwangsverhalten auch Freiheit schenkte.

Zwei Tage später, beim Hören eines Sonntagskonzerts im Sessel, widerfuhr mir der Geistprozess „Kosmische Energetisierung der Oberkörperhälfte bei Selbststreckung nach hinten":

Eingangs eine Brustdehnung bei Streckung der Wirbelsäule nach hinten: Beide Hände und Arme bis zur Schulter wurden mit Energiescheiben gefüllt, gestapelt wie Teller, dabei ein subtiles Energiefeld im Brustraum: die kosmische Energiefülle der oberen Körperhälfte wurde wie Abtauen einer eingefrorenen Zärtlichkeit des Vaters empfunden.

Anderntags spazierte ich mit „Brust raus!" durchs Alstertal voller Angst, nach hinten wegzukippen – am Tag vor der ersten Therapiesession.

1. Therapiestunde:
Die Assistentin bombardierte mich pausenlos mit Fragen über mein Verhältnis zur Mutter, ganz im Stile des Ausbilders in sechster Kurswoche. Wie damals blieb ich Mitspieler, wonach mein Protest gegen die nachgeschobene Hausaufgabe „Lebenslauf" schnell erledigt war mit ihrer Ansage „entweder – oder". Zum Abschied gab sie mir meine Briefkopie an den Ausbilder wie einen dreckigen Wisch zurück. Völlig erschlagen eilte ich heim und warf mich aufs Bett, wobei mir die Transformation „Kehlspannung im Kontext des erstickten Hilfeschreis an die Mama" widerfuhr:

Beim Nachdenken über meinen Rückfall in die Kindsrolle bei der als harmlos eingestuften Assistentin erlebte ich eine isolierte, ganz ekelhafte Verspannung im Kehlkopf und wusste sofort, dass dies der erstickte Hilfeschrei an die Mama im frühkindlichen Desaster war.

Bisher hatte ich meine traumatischen Erfahrungen allein auf den Vater bezogen, doch das erneute Fragebombardement der Assistentin zur Festnagelung auf ein Muttertrauma entschlüsselte biografische Dreieckszwänge. Das Wissen der Dreiecksfalle erlöste vom

Wiederholungszwang. Ich beschloss, die Probetherapie zum Selbstbehauptungstraining zu erheben.

Der geforderte Lebenslauf mit Fokussierung auf Dreieckszwänge im Leben endete mit einer tabellarischen Übersicht von früher Kindheit und letztmaliger Wiederholung; der Rückfall in der Ausbildungszeit lag auf der Hand.

2. Therapiestunde:
Ich erklärte anhand des Lebenslaufes die biografischen Dreieckszwänge im Leben mit neuestem Wissen des erstickten Hilfeschreis an die Mama in höchster Not. Die Assistentin ließ mich ausreden und meinte abschließend, dass sie mir nicht glaube.

Wieder ging ich verärgert davon, hatte aber den Trost, dass sie meinen Lebenslauf nachlesen könne. Es folgte Schlappheit, bis mich eine Streckungstransformation erlöste:

Nach einer Streckung rutschten die Schultergelenke hoch zu den Ohren, wobei Brust und Luftröhre schmerzten, doch die Rumpf-Kopf-Grenze wurde angenehm durchströmt.

Es folgte die Traumbotschaft von Bewegungsfreiheit durch Schwesternhilfe:

Ich durfte mich auf dem Grundstück der Schwester nicht frei bewegen, doch sie besorgte einen großen Hund, wonach der Kontrolleur aus Angst wegblieb.

Danach widerfuhr mir in der Badewanne eine Transformation embryonaler Sicherheit mit Ruhen auf einer Rückenschale:

In der Badewanne erfolgte eine embryonale Regression mit riesiger Öffnung zwischen Ober- und Unterkiefer, durch die Energie vom

Himmel aufgenommen wurde; Ruhen auf breiter Rückenschale
zeugte unerschütterliche Sicherheit.

Beim Anhören einer CD fühlte ich mich im Kosmos vereint mit meiner
Exfreundin, die mir im Abnabelungsprozess von der Mutter beigestan-
den hatte; beglückt schluchzte ich auf. Im Nachhinein ging es immer
wieder hin und her – bis zur Transformation von geladenen Selbstpolen
zur Lösung einer verspannten Mitte:

Die Selbstpole Hirn und kleines Becken, je gefüllt mit elektrisch
geladener Flüssigkeit, lösten eine verspannte Mitte.

Anderntags ergriff mich quälende Einsamkeit. Die Gesprächsverweigerung der Assistentin schmerzte im Bereich der Schulterblätter.

3. Therapiestunde:
Die Assistentin eröffnete das Gespräch zum Lebenslauf mit dem Thema
„Armut in der Kindheit", doch ich verwies auf mein aktuelles Bedürfnis
nach Streckung, wofür sie grünes Licht gab. Aus dem Stand begann ich
mich mit seitlich gestreckten Armen rechts und links auszuschwingen,
wobei ich jeweils das Standbein wechselte und das andere bis zu den
Fußspitzen anhob. Die Assistentin stieg mit Rückenhalt ein, wobei ein
gemeinsamer Bewegungsrhythmus entstand:

Die Assistentin übernahm meinen Bewegungsrhythmus durch
den Körperkontakt „Rückenhalt", wobei meine seitlichen Dreh-
bewegungen nach hinten bis zur Schmerzgrenze ausgereizt wur-
den für Blickkontakt mit ihr; Schmerz und Lust zugleich und
Tränen der Glückseligkeit. Danach bekam ich das Bedürfnis,
mich in die Hocke hinunterzuschrauben. Das lustvolle Klein-
machen mit Rückenhalt wurde von Geräuschen der Darment-
spannung begleitet.

Anderntags drehte ich mich mit festem Stand und seitlich gestreckten Armen um meine Achse hin und her, wobei eine feinstoffliche Kopflösung stattfand:

Beim Ausschwingen um die eigene Achse mit seitlich gestreckten Armen entstand ein feinstofflicher Energiekegel – die Arme als Basis mit einer Spitze über dem Kopf – wobei Kopf und Nacken gelöst und mein Zwangsverhalten entschlüsselt wurde: Kontaktstrategien ins Leere bis zur Erschöpfung statt Spüren nach hinten, denn die Intrige spielte sich im Rückenraum ab.

Beim Laufen durchs Alstertal warf ich beim Vorwärtsgang die Arme nach hinten und schlug mit den Füßen rückwärts aus; eine Rückenraumergreifung mit gewaltigem Körperbeben. Unterwegs kaufte ich ein Grillhähnchen und zu Hause knackten beim Essen meine Kronen der Schneidezähne weg, wie bereits in der DDR am Tag der endgültigen Verweigerung eines Drittgutachtens zur Sachklärung meiner beruflichen Kompetenz.

Der Zahnarzt gleich nebenan erledigte die Notversorgung, wonach tiefe Rumpfmuskeln sich entspannten. Das *I Ging* beschrieb im Bild „Das Durchbeißen" den Verlust von Spürsinn durch Empörung.

4. Therapiestunde:
Meine Erörterung über die Entdeckung des Rückenraums nach unserer letzten Übung und mein neues Intrigenbewusstsein hörte sich die Assistentin an, doch abschließend fragte sie nur nach meinem Gefühl, was ich konterte mit der Antwort: „Ich bin jetzt bockig"; ihre Gesprächsverweigerung schmerzte.

Anderntags erlebte ich die Transformationslösung eines netzartigen Knochenschutzes:

Vom Handskelett ausgehend kam das Rumpfskelett mit Becken

und Schultergürtel in die Wahrnehmung, wobei ein filigranes Netzwerk, das eingangs das Skelett umhüllte, sich restlos auflöste, Erschöpfung hinterlassend.

Am anderen Morgen stellte sich beruhigende Tiefe ein:

Freie Atmung mit leerer Brust und bewegte Gestaltmitten „Knie, Ellbogen und Zwerchfell" zeugten tiefgehende Ruhe.

Der wiederholte Probetherapiemissbrauch wurde relativiert durch Einblendung des in der ganzen Welt praktizierten Missbrauchs, denn im Hinblick auf Völkermord ging es mir geradezu blendend. Bei Rückbesinnung auf ein selbstbestimmtes Leben stellte sich freudiges Herzklopfen ein, doch es folgten wieder Mutlosigkeit, Albträume und sogar eine Depression: Ich blieb für alle nur ein Versager, konnte mich nirgendwo beraten und blieb in der Opferrolle stecken.

Eine Zahnkronenbehandlung, bei der ich mich auf dem Zahnarztstuhl hoch oben in Baumwipfeln wähnte, brachte Schmerzausblendung und innere Ruhe. Doch die Ausweglosigkeit nahm hinterher wieder von mir Besitz.

Zwei Tage vor der fünften Therapiestunde widerfuhren mir kreatürliche Transformationen, erstmals wieder seit der Vateranalyse:

Die Transformationen „Salamander mit vorn liegender Wirbelsäule" und „Krokodil mit strömender Vorderseite" verwirrten vor allem durch die Deformierungen.

5. Therapiestunde:
Die Transformationen veranlassten ein Salamanderrollenspiel:

Rücklings auf der Matte als Salamander, die Assistentin am Kopfende sitzend, gab Halt mit ihren Beinen auf meinen Rumpfseiten, *ihre linke Hand lag über meiner Herzregion, ihre rechte hielt mein Schultergelenk. Beim Blickkontakt erfasste mich Traurigkeit, dabei flossen Tränen wie aus einem leck gewordenen Wassersack. Ich streckte die Arme aus und sagte: „Ich unterwerfe mich", korrigierte mich aber beschämt mit: „Ich muss nichts tun", woraufhin sie sagte: „Du darfst so sein!", aber mir war klar, dass unsere Herzen uns trennten.*

London rückte näher und ich kaufte Holzclogs für den Sommer, mit denen ich beim Laufen die Sprunggelenke schön überdehnen konnte.

Ein Besuch meiner Berliner Surffreundin endete, nach entspanntem Reeperbahnbummel am Wochenende, mit einer Auseinandersetzung über die Stasi, wonach ich ziemlich niedergeschlagen ins Alstertal aufbrach. Beim Spaziergang überdehnte ich meine Sprunggelenke, und plötzlich war mir, als ob die Sitzhöcker einschliefen, wobei mir der Bewegungsreflex „huschender Salamander" einschoss:

Mit tief gebeugten Knien, großen Schritten und weit ausholenden Armbewegungen huschte ich schnell durchs Gelände mit lustvollem Zischen „Husch! Husch!"; reine Lebensfreude als huschender Salamander.

Erst nach der Heimkehr begriff ich das Wunder: Im Salamanderrollenspiel war im Blickkontakt mit der Assistentin die Trauer über Gesprächsverweigerung mit Krokodilstränen ausgelebt und damit zwanghaftes Lauern auf Kontaktbrocken beendet worden. Während mir jetzt meine Salamanderidentität bewusst wurde, strömte das linke Bein wie verrückt. Des Nachts widerfuhr mir der Traum von einer neuen Gestalt:

Im Auftrag des Theaterdozenten beobachtete ich eine Person, die gefühlsmäßig weiblich und von Statur her männlich ist. Dann greift der Dozent persönlich ein: die Gestalt erhält ein langes Gewand mit ausgreifenden Armen und großer Schleife auf dem Rücken; über die Schleife erinnerte ich den Traum wieder.

In der letzten Woche vor der letzten Probestunde, in der die Probezeitauswertung anstand und ich eine Rehabilitation vom Therapiedogma erwartete, schwankte ich hin und her zwischen Hoffnung und Verzweiflung. Auf dem Weg zum Arbeitsamt zwecks Beantragung des Londonsommers erlebte ich die Transformation „Wärmeausstrahlung von flüssiger Hirnhaube hinab in die Beine":

Das Gehirn als verflüssigte Haube, die in den ganzen Körper Wärme ausstrahlte, besonders intensiv in die Beine.

Auf dem Amt erfuhr ich, dass keine zweite Londondelegierung möglich sei. Mit einem Termin zur Fachberatung ging ich davon.

Bei einer längeren Zahnkronenbehandlung drängte sich mir zum Zwecke der Schmerzausblendung die Ausbilderumarmung von hinten – als Verführnachschlag seiner misslungenen Therapieverdonnerung am drittletzten Ausbildungstag – auf. Zunächst blockte ich ab, doch letztendlich gab ich nach, wobei jetzt – wie damals – der Rücken wie verrückt zu strömen begann und dabei blitzschnell der Geistprozess „Mahlzahnkosmos" entstand, der die soziale Umgebung vollständig wegschluckte:

Mit weit aufgerissenem Mund begann der Rücken wie ehemals intensiv zu strömen, wobei blitzschnell die untere Gestalthälfte einen Mahlzahn erschuf: die Beine als Zahnwurzeln und das Zwerchfell als Kaufläche, darüber nichts außer kosmische Weite, welche das soziale Umfeld auslöschte. [Im Schreibprozess entschlüsselte ich den Sinn des Mahlzahnkosmos-Geistbildes als „Wiederkäuen der Geschichte bis zum erlösenden Bewusstsein".]

Nach Heimkehr brachte mich ein Weinkrampf zurück ins Dasein, wobei ein atmender Rücken Frieden schenkte. Doch die quälende Ungewissheit der Probezeitaussprache blieb.

6. Therapiestunde:
Ich demonstrierte eingangs den huschenden Salamander, der auf lustvolle Weise in der Natur zur Rollezwangslösung geführt hatte – im Nachhall unseres Salamanderrollenspiels. Anschließend nahm ich Platz und erwartete eine Probezeitauswertung, doch es folgte nur die Forderung, im Falle einer Therapiefortsetzung ihrer Co-Supervision zuzustimmen. Wie von einer Tarantel gestochen sprang ich hoch und flüchtete an die gegenüberliegende Wand, von wo ich ihr einen Vortrag hielt über Sinn und Zweck einer professionellen Supervision, bei der Neutralität eine Prämisse sei. Es entstand ein lebhafter Disput. Letztlich bekam ich einen Termin in vier Wochen, in denen sie über ihren Supervisionswechsel nachdenken wolle.

Zuhause triumphierte ich über die Schlappe des Co-Erpressers, doch um Mitternacht raste ich zornig durch die leere Wohnung, denn der wie aus dem Nichts aufgetauchte Co hatte es wieder einmal geschafft, mich auszubooten.

Erst am dritten Tag war ich in der Lage, dem Ausbilder einen Bericht über den produktiven Verlauf der Eigentherapie – trotz Co-Intervention – zuzusenden, als Anlage fügte ich meinen strukturierten Lebenslauf bei. Jetzt erwartete ich von ihm höchstpersönlich die Rehabilitation von Eigentherapie.

Danach kaufte ich Flugtickets für London, denn im Gespräch mit dem Fachberater des Arbeitsamtes war der Plan entstanden, im genehmigten Londonurlaub zu versuchen, einen Job zu bekommen.

Die Zeit der Assistentenaussprache rückte näher und der Ausbilder hüllte sich in Schweigen, indes mich Albträume plagten. Als ich im Alstertal über meine Dummgläubigkeit nachdachte, fing ich an zu wimmern, wie in letzter Klientensession am vorletzten Ausbildungstag:

Beim Überdenken meiner Dummgläubigkeit im Alstertal fing ich an wie ein Säugling zu wimmern, wie in der letzten Klientensession am vorletzten Ausbildungstag, wo das Mitgefühl des Therapeuten zur geistigen Integration des Vatermissbrauchs verholfen hatte. Das erneute Wimmern signalisierte unbedingte Selbstkonzentration.

Seit Wochen beteiligte ich mich an Proben für Sketche, die der Englischlehrer für eine Clubfeier durchführte. Dabei war ich so durch den Wind, dass ich meine drei Sätze noch immer abstotterte. Eines Abends, beim Heimweg vom Club auf Umwegen zu Fuß im Dunkeln, überkam mich kindliche Bewegungslust: Ich lief mit steifen Beinen, großem Hüftschwung und herumrudernden Armen. Anderntags bewegte ich mich lustvoll mit eingeknickten Kniekehlen durchs Alstertal, am dritten Tag hüpfte ich im Dunkeln vom Club heim mit großem Hüft- und Armschwung, wonach im Bett die Energie kreisförmig strömte:

Kindliche Bewegungslust löste kreisförmige Energieströme aus in Hüfte, Schulter und quer durch die Kiefergelenke.

Zur Generalprobe stotterte ich noch immer, doch wir Kunstjünger machten uns am Biertisch gegenseitig Mut, wobei der Englischlehrer, ein Theaterprofi, Ruhe ausstrahlte. Anderntags wurde im überfüllten Zuschauerraum unsere Aufführung ein großer Erfolg. Auch ich hatte meinen Part mit Lust vorgetragen, denn die Gemeinschaft hatte mich mitgerissen. Im Nachhall erfolgte die Transformation von innerer Energieströmung zur kosmischen Leere:

Zunächst wärmende Energiekreise in Hüfte und Schläfe, dann Seitenströme unter Einbeziehung der kleinen Zehen und Finger, wonach sich dunkle Leere in der Gestalt ausbreitete; Freiheit durch und durch.

Der Albtraum „Gellende Schreie durch dicke Mauern zur Rettung zurück ins Überschwemmungsgebiet" rückte den Schweigeterror des Ausbilders ins Zentrum der Aufmerksamkeit:

Ich und eine Begleiterin werden unterwegs von Wasserfluten überrascht. Wir schwimmen vorsichtig an der Oberfläche, damit wir von den Spaziergängern unter uns nicht hinabgezogen werden. Wir erreichen eine trockene Oase mit einem Backsteingebäude, etwa eine Molkerei; doch gellende Schreie durch dicke Mauern und Wegspülen von menschlichen Kadavern veranlassen uns zur Rückkehr ins Überschwemmungsgebiet.

Mein Zustand wurde bedrohlich und eine dreitägige Begleitung des auswärtigen Neffen nach Rostock, wo ich von meinen Schwestern verwöhnt wurde, brachte mich auch nicht zur Ruhe. London als Nahziel hielt mich am Laufen: Vier Nächte hatten mir die Londoner zur Verfügung gestellt, um meine Unterkunft vor Ort klären zu können. Die Unternehmung, mich mit Teamarbeit im Hilfsjob auf einsame Schreibarbeit vorzubereiten, wurde von einer langjährige Freundin, bei der ich die erste Zeit in Hamburg gewohnt hatte, unterstützt mit einer Terminvereinbarung bei einem Londoner Krankenhausmanager.

Der Volltreffer „Ausbilderbrief" erfolgte präzise am Tag vor der Rücksprache mit der Assistentin: Freude über meinen Fortschritt, kein Wort zum Co-Missbrauch, aber eine Datumslektion, denn der Brief hatte zwei Wochen auf Eis gelegen:

Den ganzen Tag rannte ich wie ein kopfloses Huhn herum, und am Hamburger Neffen entlud ich abends eine unbändige Wut.

Am anderen Morgen musste ich mich aus Erschöpfung vor dem Losgehen zur Assistentin noch einmal hinlegen:

Beim Luftholen in Ruhelage erlebte ich, wie die Energie im Schul-
tergürtel gleichgeschaltet wurde, wie beim Ausstreichen mit einem
Magneten.

Die Assistentin verkündete eiskalt, dass mich ihre Supervision nichts
angehe und wechselte das Thema mit der Frage nach meinem Leben in
der DDR, das ich am Beispiel der Co-Diktatur erläuterte; ich hätte hier
wie dort keine Chancen gehabt. Entsprechend frostig verlief unser Abschied, doch ich versprach nach dem Londonurlaub wiederzukommen,
aus Angst vor dem Abrutschen ins schwarze Loch.

Nach der Heimkehr warf ich mich aufs Bett, wobei die Zähne laut
aufeinanderschlugen. Danach war ich drei Tage mit Suchen des Haus-
schlüssels vom Neffen, den ich sorgsam hüten sollte, beschäftigt.

Die Vorstellung, dass der Ausbilder seinen Stellvertreter aufs
strengste angewiesen hatte, mich in Ruhe zu lassen, endete mit der
Gewissheit, dass der Ausbilder und ich seelenverwandt seien, was
ein tierisches Schluchzen auslöste, wonach die Stirn licht wurde. Die
Verwirrüberflutung war gemeistert und der Hausschlüssel des Neffen
fand sich ein.

Beim Laufen durchs Alstertal schmerzten die Oberarmmuskeln wie
nach einer Zwangsfesselung, was ich mit Herumfuchteln der Arme zu
lindern versuchte. Meine Wut galt der Assistentin, und ich kämpfte
gegen Rachegefühle an. Zur Ablenkung las ich *Goethes Christiane* von
W. W. Parth, eine Biografie der nicht standesgemäßen Ehefrau des be-
rühmten Dichters. Die klare Haltung einer Autorität berührte mein
Herz und befreite von Rachegefühlen.

Vor der letzten Einzelstunde beim Englischlehrer malte ich mir auf
dem Heimweg vom Club in feuchtfröhlicher Stimmung eine lustvolle
Vergewaltigung des Lehrers aus, denn von blutleeren Experten war
ich reichlich bedient. Doch dann verlief die Stunde seriös mit Ku-
chen und Tee. Der Lehrer las auf Englisch eine amouröse Anekdote
über Sigmund Freud vor. Ich bedankte mich zum Abschied für seinen

seelischen Beistand, ohne den ich schwerlich zurechtgekommen wäre, und er sagte schlicht: „Ich weiß."

Beim Ruhen nach der würdevollen Abschiedsstunde widerfuhr mir der Geistprozess vom Bruchstück Mensch in der Gebärmutter zur gelösten Herzhinterwand:

Zunächst lag ich ohne Arme, ohne Beine und ohne Schultergürtel in der Gebärmutter, dann folgte kosmisches Einssein, doch ich fröstelte in der Dunkelheit, weil das Herz kontrahiert blieb, bis Schluchzen die Herzhinterwand befreite, wonach willkürliche Kaubewegungen einen Kloß im Hals lösten, was Zuversicht schenkte.

Abends im Bett folgte ein gewaltiger Erregungsdurchbruch von innen nach außen:

Die Energie floss abends im Bett quer durchs Becken und eine Erregungsüberflutung der gesamten Haut und Kopfhaut war fast unerträglich; als würde ich in aufgeladener Flüssigkeit baden.

Am Morgen fühlte ich mich elend und meine Einsamkeit schmerzte.

Eine Hamburger Surfpremiere brachte Ablenkung: Eine Frau aus der Englischklasse hatte mich zum Surfen eingeladen: Ich war nicht mehr in Form und wurde zum Spielball des ablandigen Windes. Sie rettete mich mit ihrem Paddelboot, was sehr spaßig war. Zum Schluss lud sie mich für den Fall, dass es mit einem Job in London nicht klappen sollte, zum Surfurlaub nach Fehmarn ein.

Drei Tage vor dem Londonaufbruch gönnte ich mir ein ausgiebiges Bad: Kopf und Füße verkeilte ich am Wannenrand und stieß kraftvoll mit dem Rücken gegen den Wannengrund, wobei ein tierischer Knurranfall abging, wonach ich das Wesen des Ausbilderkonflikts begriff:

Beim Austoben in der Badewanne mit tierischem Knurren aus

tiefsten Tiefen erfasste ich die Hochspannung in der Ausbilderbe-
ziehung von Anfang an: er hatte mir vorsätzlich alle Ausbildungs-
rechte entzogen und ich bis zum Schluss geglaubt, ihn für mich
gewinnen zu können.

Der Abflug nach London in drei Tagen wurde zum Lichtblick. Das *I
Ging* prophezeite mit dem Bild „Die Wiederkehr", dass das vertriebene
Licht zurückkehren und ein Zusammenschluss von Gleichgesinnten in
aller Öffentlichkeit stattfinden würde. In letzter Nacht träumte ich von
einer mörderischen Bande:

> *Ein Bandit rettete einen anderen aus einer Dreckbrühe und setzte
> dafür einen Aufpasser hinein, dem er noch obendrein eine tödliche
> Dosis Haschisch verpasste, alles ganz öffentlich.*

Am 27. Mai 1994 flog ich über den Wolken nach London, beseelt von
einem selbstbestimmten Leben.

9.   Im Urlaubsambiente: *Die Geistführung von Kosmostiefe ins Sonnensystem und die philosophische Erkenntnis des Großen Plans der Schicksalsmeisterung sowie – mithilfe der Integration des Ausbildungtraumas ins Kosmossystem – die höhere Selbstbildung* (2019)

Bei meiner Ankunft waren die Londoner beschäftigt, daher stellte ich
das Gepäck nur ab und fuhr an die Themse, wo ich tief durchatmete.
Die Hausherren hatten mich und einen Mitarbeiter zum Dinner eingeladen, wo ich mich bei aller Distanz wie heimgekehrt fühlte. Anderntags verreisten die Männer für fünf Tage, an denen ich meine Un-
terkunftsprobleme zu klären hatte, ansonsten würde ich heimkehren
müssen.

Meine Zimmersuche bestand im Kauf von Zeitungen und Abtelefonieren der Annoncen, doch der letzte Tag brach an und ich hatte noch kein Zimmer besichtigt. Verzweifelt versuchte ich noch ein letztes Mal mein Glück und kam ins Gespräch mit einer Frau, die mich zur Zimmerbesichtigung einlud. Ihre Adresse war gleich um die Ecke und ich wurde mutlos, denn Westlondon war ein teures Pflaster. Die Frau, eine Inderin und Krankenschwester, hörte sich mein chaotisches Berufsleben an und meinte, dass es mit einem Hilfsjob klappen würde. Dann zeigte sie mir ein gerade leer gewordenes Appartement, das ich zu meinen Konditionen solange bewohnen könne, wie ich wolle: ein geräumiges Erkerzimmer mit kleiner Küche, das Teilbad eine halbe Treppe tiefer. Vom Fenster aus blickte ich auf das Haus der Londoner, denn die Gärten stießen aneinander, was Geborgenheit vermittelte. Als ich ging, um die Hausherren zu empfangen, hatte ich für drei Wochen im Voraus bezahlt.

An jenem Nachmittag fand das von der Freundin vermittelte Bewerbungsgespräch beim Krankenhausmanager statt, der mein Gestotter über die Berufsprobleme in DDR und Westdeutschland nebst Wunsch, mich im Londonjob zu stabilisieren, geduldig anhörte. Er und sein Begleiter verabschiedeten mich freundlich; ich würde gegebenenfalls von ihnen hören. Auf der Straße hätte ich am liebsten losgeheult:

Die warmherzigen Anhörungen meiner beruflichen Schicksalsschläge hatten mich zutiefst berührt und meine Entwurzelung spürbar werden lassen.

Die Hausherren kamen gegen Mitternacht zurück. Mit Genehmigung, ihr Telefon zur Jobsuche benutzen zu dürfen, ging ich hinüber ins eigene Bett; wonach ich mich an einem Tag einrichtete mit Putzen und Einkäufen von Grundnahrungsmitteln.

Zufällig hatte ich in der Oxford Street eine Jobagentur entdeckt und mir einen Termin geben lassen. Dafür bereitete ich mich sachlich vor und überlegte, ob ich denn im Hilfsjob arbeiten wolle, wobei mir meine Mutter in den Sinn kam, die nach der Scheidung mit vier schulpflichtigen Kindern Geld verdienen musste und ihre Erfüllung fand in der Aufnahmeabteilung einer Poliklinik. Jetzt begriff ich ihre Entwurzelung, und unsere Ähnlichkeit traf mich zutiefst:

Unsere gemeinsame Entwurzelung war äußerst befreiend und ergriffen flüsterte ich: „Mutti, ich will gebraucht werden wie du, ich will dienen wie du und im Hilfsjob arbeiten wie du".

Die Inderin lud mich zum Essen und zur Kochzubereitung ein, wobei sie mir eine fremde Welt eröffnete. Doch hinterher war ich völlig erschöpft, denn die Unterhaltung auf Englisch im Kreis der Familie war anstrengend gewesen. Darüber begriff ich meinen geplanten Hilfsjob als Bewährungsprobe und nicht als seelische Kur, denn meine Außenseiterrolle war vorprogrammiert.

Das Gespräch in der Agentur verlief sachlich: Im Falle einer Hilfsjobbestätigung hätte ich zwei Referenzen vorzuweisen; die Telefonauskunft des Ausbilders und der Nachweis meiner sechsmonatigen Nachtwachentätigkeit in einem Hamburger Pflegeheim würden reichen. Auf Anhieb klappte die Telefonverbindung mit der Oberschwester in Hamburg, die mir versprach, eine Kopie meiner Arbeitseinschätzung umgehend nach London zu schicken. Bis zum Empfang derselben schaltete ich um auf Urlaub; elf Tage standen noch zur Verfügung.

Am ersten Urlaubstag fuhr ich in die City und ließ mich in einem Park nieder, wo gerade ein Pop-Konzert stattfand. Ich saß im Liegestuhl mit in der Luft baumelnden Beinen, wobei mit der Zeit meine Oberschenkel vom Holzgestänge gequetscht wurden. Ich wagte mich trotz der Schmerzen zuerst nicht hoch, um nicht zu stören und später, als der Schmerz stärker wurde, kam Angst hinzu, beim Aufstehen umzufallen. Als meine Schmerzgrenze erreicht war, riskierte ich das Hochkommen, was ein enormes Freiheitsgefühl auslöste:

Vom Druckpunkt der Oberschenkel strömte die Energie wie verrückt hoch über Nacken bis hin zu den Kiefergelenken; Freiheit durch und durch.

Beschwingt fuhr ich mit dem Schiff nach Greenwich und gönnte mir, barfuss im Park, Fish & Chips. Anderntags erwachte ich schlecht gelaunt, wobei mir der Ausbilder mit „du musst, du sollst, du darfst nicht" im Kopf herumspukte. Tagsüber bummelte ich im Hyde Park umher und landete am Spätnachmittag zufällig vor dem Naturkundemuseum, wo die letzte Stunde kostenfrei war. Dann lief ich schnurstracks zur Sammlung mit Krebsen und Skorpionen, wo ich meine Artverwandten anstaunte. Aufgewühlt fuhr ich heim mit dem Vorsatz, anderntags wiederzukommen. Zu Hause fror ich entsetzlich und kroch mit dickem Pullover ins Bett und las. Ziemlich unvermittelt legte ich das Buch zur Seite und murmelte „Ich werde nicht geliebt und du wirst nicht geliebt", wonach sich Schüttelfrost einstellte, der vom Mutterfluch erlöste durch eine Höherentwicklung ins Sonnensystem:

Beim Staunen über die befremdlichen Worte steigerte sich der Schüttelfrost zu einem Schüttelanfall wie ein Erdbeben, wobei ich Mutti deutlich sagen hörte: „Dich Arsch sollte man umbringen!" Abrupte Ruhe trat ein beim Erscheinen der großen, roten Sonne auf hellem, flimmerigen Hintergrund – zu meinen Füßen.

Das Ganze war wie ein Film abgelaufen. Nachdem ich zwei Stullen gegessen hatte, schlief ich mit dem Bild der roten Sonne selig ein. Erst anderntags folgte Verwirrung. Im *I Ging* warf ich das Bild „Die innere Wahrheit" mit dem Zusatz, Niedrigstes und Erhabenstes nebeneinander stehen zu lassen. Am Abend lief ich schnurstracks in die Ökologische Abteilung des Museums, wo ich als Erstes meine große, rote Sonne hinter Glas erblickte; sie lag einhundertfünfzig Millionen Kilometer weit weg. Danach bestaunte ich auf einer mehrstöckigen

Videowand die Entstehung des Lebens im Chaos von Vulkanausbrüchen, Sturmfluten, Blitz und Donner. Bei einem Rundgang wurde der Energiekreislauf zwischen Pflanzen-, Tier- und Menschenwelt anschaulich vermittelt. Hinterher setzte ich mich erst einmal auf die sonnigen Stufen des Museums, noch ganz ergriffen vom soeben Erlebten. Eigentlich war mir nichts Neues geboten worden. Doch die Sonne im Zentrum allen Lebens hatte mir mein widernatürliches Schattendasein in der Ausbildungsgruppe vor Augen geführt. Ein Zitat von Aristoteles, das neben der Sonne im Glaskasten zu lesen gewesen war, brachte alles auf den Punkt:

„Das Ganze ist mehr als die Summe der Einzelteile."

Abends im Bett sah ich mit offenen Augen durch die Decke in den klaren Sternenhimmel. Beim Umschauen im Zimmer vergewisserte ich mich, dass alles in Ordnung sei: Mondhelle schien durch die Fenster, dunkle Umrisse kennzeichneten die Tür und nebenan stritten erstmals laut die Nachbarn. Wenn ich die Augen schloss, sah ich farbige Kreise: Den Augenschalter für klaren Nachthimmel oder Farbkreise konnte ich beliebig oft bedienen:

Mit geschlossenen Augen sah ich Farbkreise in Gelb und Blau, Phänomene des Lichts; mit geöffneten blickte ich durch die Zimmerdecke in den klaren Sternenhimmel; gedeutet als Bewusstseinserweiterung.

Um die Sonnenwende feierlich zu begehen, machte ich mich anderntags fein für London mit schwarzen Hosen und weißem Blazer, ansonsten lief ich mit kurzen Jeans durch die Gegend. Am späten Nachmittag lockte mich die Reklame zur Goya-Ausstellung in The Royal Academy of Arts, wo noch immer Leute hineinströmten und es mir gelang, ohne Ticket durchzukommen. So landete ich zufällig in einer

Privatausstellung zeitgenössischer Kunst, wo mir Sekt gereicht wurde, was mich sehr verlegen machte. Die Ausstellung ließ mich kalt, denn die Flitterwelt der High Society war viel interessanter als die falschen Ausbildergötter und herzerfrischend obendrein. Hinterher flirtete ich noch im Pub am Piccadilly Circus, um wieder bodenständig zu werden.

Vor dem Einschlafen ließ ich die letzten drei Tage Revue passieren: vom Mutterfluch ins Sonnensystem, visionäre Raumergreifung des Sonnensystems und herzerfrischende Anschauung der faszinierenden Götterwelt, wonach der Augenschalter noch immer funktionierte, jedoch mit Farbquadraten statt Farbkreisen:

Mit geöffneten Augen blickte ich durch die Zimmerdecke hindurch in den klaren Sternenhimmel, doch mit geschlossenen sah ich Farbquadrate in Grün, Rot und Tiefschwarz auf hellem Grund; gedeutet als Erdverbundenheit.

Am letzten Wochenende in London traf die Arbeitseinschätzung aus Hamburg ein.

Mit einer von den Londonern gelieferten Übersetzung der Arbeitseinschätzung betrat ich am letzten Urlaubsmontag die Jobagentur, wo ich freudestrahlend begrüßt wurde, denn der Ausbilder hatte mich über den grünen Klee gelobt. Erst jetzt bekam ich mit, dass die Agentur nur die Arbeitsreferenzen prüfte und keine Jobs vermittelte. Mir wurden noch Tipps für Bewerbungen erteilt, doch auf der Straße hätte ich am liebsten laut gejubelt, denn eine Selbstfindung vermittels Hilfsjob hatte sich nach der Sonnenwende erübrigt. Aus London meldete ich meinen Besuch bei der Surferin auf Fehmarn an, um mich in der Natur auf einsame Schreibarbeit einzustimmen.

Die Zeit bis zum Rückflug verging im Nu, doch am vorletzten Tag wachte ich schlecht gelaunt auf und beschimpfte auf dem Weg zur U-Bahn den Ausbilder aufs Vulgärste. Planlos landete ich dann vor dem

Monument, einem über sechzig Meter hohen Denkmal zur Erinnerung an eine Feuersbrunst. Diesmal wagte ich den Aufstieg, wobei die Wut beim Treppensteigen verzischte und mit Weichwerden der Knie panische Angst hochkam, doch trotz Versagensangst stieg ich auch wieder mutterseelenallein hinab:

Beim Hochsteigen verzischte die Wut auf den Ausbilder. Beim Weichwerden der Knie bekam ich panische Angst, die Beine könnten versagen. Die enge Wendeltreppe bot keinen Zwischenabsatz zum Luftholen. Oben auf der Plattform – unter Menschen – unterdrückte ich einen Hilfeschrei, stieg aber wieder allein hinunter, dabei voll konzentriert auf die nächste Stufe. Unten kam ich aufgelöst an und rettete mich auf ein Schiff, wo sich beim Sitzen das Zwerchfell nach hinten öffnete, was eine Verwirrüberflutung auslöste. Auf den Landgang unterwegs verzichtete ich und lief nach Rückkehr noch stundenlang planlos durch die Stadt, bis ich auf den Kirchtreppen am Trafalgar Square zu mir kam: wie neugeboren schaute ich auf das Menschengewimmel unter mir und flüsterte „Adieu London!“, zutiefst erfüllt von Frieden.

Nach Rückkehr legte ich mich erschöpft aufs Bett und wachte völlig bekleidet nach Mitternacht auf mit dem Traum „Der erhörte Hilfeschrei“:

Zwei Männer wollen mich töten, und ich kreische in höchsten Tönen, bis die Tür sich auftat und gleißendes Licht hereinströmte.

Leichten Herzens betrat ich das Flugzeug, denn nach den Jahren des beruflichen Umherirrens kam mir eine freischaffende Autobiografiearbeit wie ein Leben im Luxus vor.

Beim dreitägigen Zwischenstopp in Hamburg blieb die Vermieterin abwesend und ich fühlte mich schrecklich einsam. Der Albtraum vom bestialischen Kehledurchbeißen gab mir den Rest:

Von einer gehobenen Gesellschaft, darunter Arzt und Narko-
seschwester, wurden Opfer bestialisch zerstückelt, wonach am
Strand eine Gruppe aufgeregt auf die Polizei wartete, denn ein klei-
ner Bär versetzte alle in Angst und Schrecken. Als der kleine Bär
sich der Chefin näherte, durchbiss sie ihm die Kehle. Vor Schreck
erstarrten die Zuschauer, die nun leicht niedergemacht werden
konnten, wonach lustvolles Töten untereinander losging. Übrig
blieb allein die Chefin, die teuflisch lachend in eine Irrenanstalt
eingeliefert wurde, wo sie allen die Kehle durchbiss und für immer
entwischte. … Beim Aufwachen rauschte strömend der Nacken,
wobei mich abgrundtiefer Ekel schüttelte. … Tagsüber öffnete sich
in der U-Bahn weit das hintere Zwerchfell, und abends folgte eine
Essattacke.

Mein Aufbruch zur Holsteiner Schwester, die mich nach Fehmarn fahren wollte, kam einer Flucht gleich. In der Familie meiner Schwester kehrte innere Ruhe ein: Ich hatte eine Krise überstanden, deren Sinn mir verborgen blieb.

Bei der Anreise zum Campingplatz Wulfener Hals stürmte es mächtig und das Surfparadies glich einer Mondlandschaft, denn der Sturm hatte das Wasser in die Ostsee gepeitscht. Anderntags herrschte sonniges Surfwetter, das alle zehn Urlaubstage anhielt.

Der Natururlaub zu zweit – mit Unterkunft im Wohnwagen – verlief harmonisch bis zum Schluss. In den ersten Tagen benötigte ich Ruhe, indes die Campingfreundin surfte. Nachmittags kam regelmäßig Flaute auf, daher paddelten wir täglich hinüber nach Burg. Auf der Rückfahrt glaubte ich – stets vorne sitzend – in die Sonne eintauchen zu können. Beim dritten Paddelausflug kippten wir beim Anlanden in Burg ins Wasser, wonach wir uns auf wechselseitige Führung des Landemanövers einigten, was problemlos lief, da ich immer vorne sitzen wollte. Nach dieser harmlosen Verständigung beunruhigte mich der Rollenzwang des Ausbilders tags in Gedanken und nachts in Träumen, was ich mit Surfen, Radeln und Paddeln zu bannen versuchte. Dann erschütterte mich ein Schreckenstraum zutiefst, wonach eine väterliche Imagination das Herz in Wallung brachte:

Auf der Flucht an Bord eines Todesschiffes rutschte ich durch eine Falltür in eine Kloake. Nachdem ich am Rand Halt gefunden hatte, rührten sich Leute in der Dreckbrühe. Unsere Gruppe plante die Flucht. Ein Lichtstrahl zeigte nach draußen. Ein Mann bedrohte uns alle mit dem Messer und preschte los, doch kaum war sein Kopf draußen, sauste ein Fallbeil nieder. Wir probierten den Mechanismus des Fallbeils aus mit Vorschieben des Opfers und entkamen jeweils im funktionsfreien Intervall. Dann saßen wir draußen auf einem Vorsprung im Windkanal. In Landnähe retteten wir uns in ein geankertes Ruderboot und sahen, wie der beunruhigte Kapitän, dem wir entkommen waren, die Flagge wechselte. Inzwischen hatte uns die Polizei festgenommen, um unsere Identität zu prüfen. Der Kapitän wurde in unsere Zelle gesperrt und stürzte sich mit einem Messer auf uns, doch die Polizei hatte alles im Blick und rettete uns. Zum Schluss irgendwas von Freiheit und gerechter Strafe. … Im Wachsein schüttelte mich abgrundtiefer Ekel, doch beim Blick durch die Wohnwagendecke tauchte ich ein in den klaren Sternenhimmel, wonach mich Kopfschütteln von der Traumvision erlöste. Ganz leise flüsterte ich beglückend „Vati! Vati!", um nicht die Campingfreundin zu wecken, wobei sich die Brust belebte.

Mit Brummschädel stand ich morgens auf und hatte die Empfindung, der Kopf sei voll Trauer. Den ganzen Tag blieb ich in Bewegung. Nach Erwachen am folgenden Tag wurde mithilfe von Energiekörperflexibilität die fehlende Berufstrauer als ungelöstes Zeitproblem erkannt:

Früh im Bett beobachtete ich meinen persönlichen Energiekörper als Doppel mit Kopf, Brust und Bauch, der stets seine Form wechselte und dabei im Körper verankert blieb. Auch bei skurriler Verzerrung, beispielsweise „als quer liegender Bleistift", blieb die Dreiteilung erhalten. Bei Anschauung der Formenvielfalt des Energiekörpers begriff ich blitzartig die fehlende Berufstrauer als relevantes Lebensproblem.

An jenem vorletzten Urlaubstag versuchte ich vormittags erstmals mit Trapez zu surfen, doch statt in den Wind zu fallen, bekam ich Armkrämpfe beiderseits. Danach lag ich bäuchlings auf der Luftmatratze. Beim Sonnen erfasste mich ein heftiger Schüttelanfall, der einen beruflichen Trauerprozess ermöglichte und mit kraftvoller Selbstfindung abschloss:

Beim Sonnen nach der stressigen Landung erfüllte mich der Gedanke einer geglückten Sonnenunterwerfung, woraufhin ein Schüttelanfall losging, heftig wie ein Erdbeben, das ich als vollzogene Trauer verinnerlichte. … Am Nachmittag unternahm ich einen Abschiedsspaziergang am Strand, bei dem ich energiegeladen Arme, Beine und Kopf durch die Luft wirbelte, erfüllt von einer kraftvollen Selbstfindung vor dem Neustart mit Schreibarbeit.

Anderntags holte mich meine Schwester wieder ab. Voller Tatendrang, die Autobiografie in Angriff zu nehmen, fuhr ich Nonstop weiter nach Hamburg.

Bei meiner Heimkehr am Freitagabend war die Vermieterin wieder abwesend. Am Samstag entdeckte ich ihre Zettelnotiz, dass mein auswärtiger Neffe am Montag um 0.40 zu Besuch käme. Die Besuchszeit brachte keinen Sinn, denn er war Autofahrer. Er blieb telefonisch unerreichbar und Angst, ihm könne etwas Schlimmes zugestoßen sein, nahm von mir Besitz. Allmählich entstanden quälende Schuldgefühle, denn ich hatte ihm aus dem Urlaub nicht einmal eine Karte geschickt.

Mein Zustand wurde so unerträglich, dass ich mit lauter Stimme eine Verteidigungsrede startete dahingehend, nicht für ihn verantwortlich oder schuldig an seinem Unglück zu sein. Bei meinem Aufschrei, wie jedermann ein Recht auf Freude im Leben zu haben, machte es klick: Ich steckte voller Versagensangst, denn nach Berufs- und Ausbildungstrauma würde ich keinen Autobiografiereinfall mehr verkraften.

Mit Risikobewusstsein richtete ich am Sonntag mein Schreibbüro ein. Abends wollte ich das *I Ging* befragen, doch erstmals fehlte für den Orakelwurf einer der drei Pfennige. Zum Zeitvertreib bis zum Besuch des Neffen griff ich zum Büchlein *Das Yoga Sutra. Die 196 Merksprüche des Uryoga* von Sigmund Feuerabendt, einem Schnäppchenkauf. Ich las es in einem Atemzug durch, denn die Geistwelt der Uryogaphilosophie offenbarte mir meine spirituelle Entwicklung als Selbstwende von außen nach innen: Die Merksprüche, die den Weg der Erkenntnis des Yogi kennzeichneten, beschrieben meine Transformationsentwicklung. Als ich früh um drei Uhr das Buch weglegte, hatte ich den Sinn meines Lebens erfasst: Schreibarbeit als Weg der Schicksalsmeisterung, als Weg zum erlösenden Bewusstsein; die Uryoga-Merksprüche als Wegweiser und zur meditativen Erbauung.

Der Neffe erschien am Montagvormittag, die Vermieterin ebenfalls. Die auf ihrem Zettel notierte Zeitvorgabe 10.00 Uhr war als 0.40 angesehen worden. Ein hartnäckiger Lesefehler hatte am 4.7.1994 eine vorgehabte Autobiografie, die fokussiert geblieben wäre auf ein persönliches Ausbildungstrauma, in ein geistiges Konzept eingeordnet, das den Weg von außen nach innen offenbarte als vorbestimmte Schicksalsmeisterung. Ich glaubte, diese mit der analytisch aufbereiteten spirituellen Höherentwicklung bereits vollzogen zu haben.

Zum aktuellen Zeitgeschehen:
Seit meiner Pensionierung im Jahre 2002 verfügte ich wieder über ein eigenständiges Leben. Da ich in der Saunagruppe der Alsterschwimmhalle immer aufs Neue meine Unabhängigkeit unter Beweis stellen

musste, besuchte ich ab Juni 2018 das Kaifu-Bad, wo ich als Gast willkommen war.

Die vorliegende Nachzeichnung der Ausbildungszeit erfolgte unter dem Aspekt, das Ausbildungstrauma mit Distanz zu beschreiben.

Das Auravideo vom 3.7.2019 zeigte eine vollendete Persönlichkeitsentwicklung, dokumentiert im Anhang:

7. Chakra, Kronenchakra, Farbe Violett, Weiß/ Verbindung zu Gott, höheres Selbst

LAVENDER magical, mystical, imaginative, ethereal, intuitive

Die Persönlichkeitsvollendung wertete ich als gelungene Schicksalsmeisterung, doch zu diesem Zeitpunkt lag die Schicksalsbeziehung mit dem Ausbilder noch völlig im Dunkeln.

V. Von fokussierter Distanzschau der Transformationsentwicklung zur Erfassung der urphänomenalen Gestaltungskraft des untrennbaren Kosmossystems – einer allseitigen Teilnahme der Erscheinungswelt an der geistgeführten Schicksalsmeisterung

1. Die Rückschau der Transformationsentwicklung und ein Auravideo-Schreckschuss zur Erfassung der Schicksalsbeziehung mit dem Ausbilder sowie die Erkenntnis des geistgeführten Kosmosystems mithilfe der Integration befremdlicher Geistprozesse

Mit der höheren Selbstbildung entstand das Bedürfnis, eine spirituelle Nachzeichnung der Ausbildungsgeschichte unter bewusster Abspaltung der Ausbildungsintrigen vorzunehmen, was in den ersten beiden Ausbildungsjahren kein Problem war, denn zu jener Zeit beherrschte das Berufsleben meine Denkwelt. Die spirituelle Entwicklung, ursächlich bezogen auf das Methodentraining, wurde mittels Kursivschrift nebst Überschrift vom Gruppenleben abgegrenzt. Die Überschriftenauflistung im ersten Ausbildungsjahr offenbarte eine spirituelle Entwicklung bis hin zum Einssein im kosmischen Energiefeld:

„Engelsanrufung" als Impuls für den Rückzug in die Klientenrolle des Methodentrainings
„Essenzielle Geburt" in regressiver Ersatzübung mit einer Assistentin nebst Ausbilderbegleitung
Höhepunkt frühkindlichen Einseins mit Mama und Papa in Klientensession
„Penishalt-Transformation im Kinderbett" als Lektion fürs Stellen auf eigene Füße

*Klientensession „Aufrichtung im Schwerefeld der Erde" und nach-
hallende Supervisionseskalation*
Traumbotschaft „Verrecken aus Angst vor unendlicher Weite"
*Zur Session des Jahres „Einssein im kosmischen Energiefeld als
Urvertrauen im bodenlosen Raum"*
*[Urvertrauen in letzter Klientensession einer Co-Runde zum Jah-
resschluss]*

Die Rückzugsstrategie hatte nicht, wie erwartet, den Gruppenbildungs-
prozess gefördert, im Gegenteil: Zum Jahresschluss wurde offenbar,
dass sich alle mit meinem Sonderstatus abgefunden hatten. Das Eingeständnis der Ausweglosigkeit bewirkte ein Abrutschen in ein schwarzes
Loch, bis ich den Ausbilder im Tagebuch um Hilfe anflehte, wobei blitzschnell die Energie zurückkehrte. Die Revitalisierung gab den Impuls,
sich stark zu machen mit aktiver Kontaktherstellung zu Ausbilder und
Gruppe.

Im dritten Semester schien alles wunschgemäß zu laufen, wobei eine
spirituelle Selbstwende im Kraftfeld der Mutter Erde stattfand, gemäß
Überschriftenauflistung der spirituellen Erfahrungen:

*Vom Ausbilderhilfeschrei im Tagebuch zur irrationalen Ausbil-
derkontaktwende*
Selbstkreuzigungslektion „Gruppenkontakt zur Herzlösung"
*Klare Kontaktziele und ein widersinniger Geistprozess „Sumpf-
gestalt"*
*Vom verwirrenden Ausbilderlob – über Schmerzerstarrung – zu
erlösendem Gruppenkontakt*
*Naturerlebnis irdischer Selbstverbundenheit mit der Mutter Erde
als Kraftquell*
Kosmische Yin-Yang-Selbstverbundenheit beim Brucknerkonzert
*[Gruppenanschluss Lachlawine in hochbrisanter Co-Runde zur
Ausbildungshalbzeit]*

Das vierte Semester eröffnete der Ausbilder mit einem Seminar, in dem er den externen Nachweis einer Einzelselbsterfahrung zum Kompetenzkriterium erhob; die Gruppe zerfiel in eine Zweiklassengesellschaft. Meine Versuche, mit Kontaktstrategien gegenzusteuern, endeten mit meinem freiwilligen Austritt aus der Gruppe in einer Co-Runde zum Jahresschluss, womit ich mein Berufsleben aufs Spiel setzte.

In diesem hochbrisanten vierten Semester war die spirituelle Höherentwicklung in die Erscheinungswelt der Natur und in den kosmischen Lebenszyklus verlagert worden, gemäß Überschriftenauflistung im Textverlauf von Kapitel IV.4:

Traumbotschaft „Diebisches Augenausstechen und Zerstückelung des Täters"
Traumbotschaft „Aufnahme bei den Erleuchteten"
Im Alstertal „Geburt als Naturwesen"
Yin-Yang-Lebensfülle im Konzert „Musik der Stille"
Geisttransformation „Die Augen als Schalter für innere Strömung oder Lichtbogen"
Eine monströse Stuhlentleerung als blitzartige Befreiung von falschem Expertentum
Von Schlaflosigkeit zur Selbstöffnung in Kosmostiefe mit Hinweis auf den ewigen Lebenszyklus
[Mein selbstbestimmter Austritt aus der Gruppe in der Co-Runde zum Jahresschluss]

Die spirituellen Erfahrungen „Engelsanrufung" und „Teufelstransformation" setzten den Impuls, die spirituellen Erfahrungen der ersten zwei Ausbildungsjahre zu untersuchen auf eine gesetzmäßige Entwicklung hin, gedacht für geistigen Austausch mit dem Ausbilder.

In jenem letzten Ausbildungsjahr lebte ich in einer Geistwelt, wobei die Überschriften der spirituellen Prozesse entfielen, da das Gruppenleben unwichtig geworden war.

Die Nachbetrachtung der spirituellen Höherentwicklung wurde im Auravideo vom 18.10.2019 von einem Herzchakra/3. Chakra gespiegelt: ich hatte ein höheres Bewusstsein erwartet und bekam einen Rückfallschreck. Doch beim Vergleich des Herzchakras einer persönlichen Individuation [2015] erfasste ich die gegenwärtige Höherentwicklung: ein gleicher PC-Text mit unterschiedlicher Tiefe:

DEEP GREEN (2015) und GREEN (2019): „balanced, social, teacher, love people, nature, animal"

In der Aura wurden die unterschiedlichen Bewusstseinsprozesse sichtbar: die Individuation von 2015 wirkte insgesamt disharmonisch, gemäß Abbildung im Anhang bei BoD 2018, dagegen imponierte im Aurafoto von 2019 eine vollkommene Harmonie.

Über die erworbene Harmonie in der Aura des Herzchakra rückten die geheimen Augenschreckschüsse des Ausbilders, die erstmals bewusst erlebt worden waren am Abreisetag der Mai-Schlusswoche, in die Aufmerksamkeit:

Zum Ausklang des zweiten Jahres hatte ich als Klientin der Demosession des Ausbilders Kontakt erzwingen wollen, doch daraus entstand eine Demonstration meiner Frühstörung. In dem Zusammenhang war mir damals die spirituelle Erfahrung der urtiefen Selbstentwicklung, verbunden mit der Botschaft von Erde und Tod als Ewigkeit und Trost, widerfahren, was meine Denkwelt nicht hatte fassen können.

Jetzt, mit vollendetem Selbstfundament [Kronenchakra/7. Chakra], wurde die urtiefe Transformationsentwicklung fassbar als Wegstrecke zur Schicksalsmeisterung, wobei das Auravideo von 2019 ein Leben aus der Mitte des Seins spiegelte.

Eine Nachzeichnung der Transformationsentwicklung des letzten

Ausbildungsjahres mit Wissen der Ausbilderschockbehandlungen erwies sich als unmöglich, doch die Gliederung des Kapitels IV wurde gestrafft, indem die Kapitel von Zwischenüberschriften, welche die traumatischen Umstände erklärten, befreit wurden; Textschluss am 31.12.2019.

In der ersten Januarwoche 2020 rückte das Geistbild „Sumpfgestalt" ins Zentrum der Aufmerksamkeit:

> *„Anstelle der Brust nahm ich einen stinkigen Sumpf mit Leichenteilen wahr. Im Becken quirlte ein gewaltiger Sumpfstrudel mit unverdauten Menschen; zwischen oben und unten befand sich eine undurchdringliche Schranke aus Querbalken. Während der ganzen Zeit blieben Arme und Beine gut durchströmt und bildeten einen sicheren Rahmen der Sumpfgestalt."*

Bei meditativer Betrachtung begriff ich die Sinnbilder „Brustsumpf für Ausbildungtrauma" und „Beckenstrudel für Ausbilderschicksal".

[Die Sumpfgestalt war mir zum Auftakt des zweiten Jahres widerfahren und als sinnlos abgetan worden, denn mich beschäftigte die Zielwende „Ausbilderkontakt".]

Das meditative Nachspüren des Beckenstrudels löste einen aufsteigenden Erregungsstrom aus durch die Schranke hindurch in den Brustraum. Diese innere Lebendigkeit verhalf zu der Erkenntnis, dass das Schicksal und das Trauma untrennbar verbunden seien, doch eine Verwirrung blieb.

In der zweiten Märzwoche 2020 verhalf die meditative Anschauung der Mai-Schlusswoche zu der Erkenntnis, dass die Geistwelt nicht gebunden sei an Zeit- und Raumgrenzen:

> *Bisher hatte ich den produktiven Ausgang der zweitägigen Amnesie in der Mai-Schlusswoche, die meine erste Arbeit ausgelöscht hatte und wonach die zweite ein Erfolg wurde, nicht verstanden,*

denn eine Schocklähmung nach Amnesie wäre zu erwarten gewe-
sen. ... Jetzt begriff ich über den Schüttelanfall am Tag der Ausbil-
derbegrüßung – mit Ausleben einer frühsexuellen Unterwerfung –
die kosmische Logik: Die Transformation der frühsexuellen Un-
terwerfung und die Amnesietransformation ergänzten einander,
damit eine vor der Amnesie aufgebaute persönliche Beziehung zum
Ausbilder auf Augenhöhe vom nachfolgenden Vernichtungsschlag
unbehelligt bleiben konnte, wonach der Ausbilder am Abreise-
tag seine Augenschreckschusslähmung öffentlich praktizierte, um
meine Co-Kontaktunternehmung blitzschnell abzuwürgen.

Über die Sinnzusammenhänge in der Erscheinungswelt der Mai-
Schlusswoche – jenseits von Zeit- und Raumgrenzen – wurde die kosmische Logik meiner vorbestimmten Schicksalsmeisterung fassbar:
der Ausbilder hatte seine Augenschreckschuss-Geheimwaffe in letzter
Sekunde öffentlich preisgeben müssen, um seinen Co-Komplizen nicht
an mich zu verlieren.

2. Die Kennzeichnung der urphänomenalen Geistkraft in den Kurswochen des letzten Jahres bis hin zur Schicksalsmeisterung in der Mai-Schlusswoche: ein spirituelles Selbstfundament als Daseinshalt anstelle der Schreckschussfesselung an den Ausbilder

Zur Ausgangslage „Leben in einer Geistwelt":

Im letzten Jahr der Ausbildung untersuchte ich die spirituellen
Erfahrungen der ersten zwei Jahre auf eine gesetzmäßige Ent-
wicklung für einen Geistaustausch mit dem Ausbilder: In der
Eröffnungswoche des Jahres (7. Kurswoche) sollte der Ausbilder
für die spirituelle Selbstanalyse gewonnen werden, und in der

Mai-Schlusswoche war ein Geistaustausch mithilfe der spirituellen Selbstvorstellung vorgesehen. Der Zeitplan war nur einzuhalten, indem das Gruppenleben eine Nebenrolle spielte. Ich lebte ganz bewusst in einer Geistwelt.

Bis zur 7. Woche waren alle Tagebücher abgetippt und ich pausierte, denn die spritrituelle Strukturarbeit sollte erst nach Bestätigung der Selbstanalyse vom Ausbilder erfolgen. In der Wartezeit widerfuhr mir eine totale Gestaltschwere, die Geborgenheit vermittelte, wobei eine Horrorvision von der Ausbildungsfamilie auftauchte:

Ich sah zu, wie mich ausnahmslos alle in der Ausbildungsfamilie als Asylandenbalg herumschubsten.

Das Bild war so widerlich, dass ich mich für eine Londonauszeit entschied. Gleich im Anschluss an die Mai-Schlusswoche sollte es losgehen mit Unterstützung des Arbeitsamtes, das eine Jobsuche im Ausland für drei Monate bewilligte.

Am Tag vor dem Start zur 7. Woche wurde die Gestalt von Schauerwellen belebt:

Vom Kreuz aus durchrieselten Schauerwellen die Gestalt diagonal bis hoch zur Stirn, dabei alle Hindernisse bewältigend. Neu war die Intensität der Schauer, die auch den Augenbereich umfasste.

Die Skizzierung der Ausbilderbeziehung im Kosmossystem der 7. Woche und seine Befürwortung der spirituellen Selbstanalyse am Abreisetag:

Der Ausbilder erklärte in seiner Begrüßungsrede am dritten Tag, dass der Teilnehmer, der den Co geohrfeigt hatte, suspendiert sei und er noch persönlich prüfen würde, ob jener die Ausbildung fortsetzen dürfe. Obwohl alle wussten, dass der angeblich Suspendierte bereits gefeuert sei, ging man zur Tagesordnung über. In der Nacht träumte ich einen wunderschönen Animatraum:

„Beim Rasen mit dem Auto über eine hohe Brücke kippt das Auto in einer Linkskurve um, wonach wir, ich und meine Anima, eng umschlungen und schwerelos über einer schönen, bunten Welt schweben."

Anderntags war mir der arrogante Co so zuwider, dass ich mich von ihm erholen wollte mit einem Mittagessen beim Italiener. Beim Warten auf das Essen stürzte der Co im Eilschritt an meinen Tisch mit den Worten, den Platz zu räumen; vor Schreck verlor ich meine Fassung:

„Ich saß im Kinderbett, umringt von Riesen, wobei mich der eiskalte Blick der Mama in Angst und Schrecken versetzte." Ebenso schnell kehrte ich ins Dasein zurück durch den Beistand eines herbeigeeilten Kellners, wobei ich zu mir kam im Blickkontakt zum Ausbilder, den ich nicht hatte kommen sehen und für meinen Retter hielt.

Abends im Bett packte mich Panik, denn wenn ich wegen eines unbewussten Muttertraumas die Kontrolle über mich verlieren würde, wäre mein Rauswurf so gut wie sicher. Zuversicht kam auf bei Rückbesinnung auf den wunderschönen Animatraum, der mir Mut machte, die eiskalten Augen der Mama in anstehender Klientensession aufzuarbeiten:

„Die Lösung der Augenstarre gelang mit einer lieben Mama in der Klientensession, ohne Ahnung, dass ich damit den Ausbilder um seine geheime Macht über mich gebrochen hatte."

Am Abreisetag bezog der Ausbilder öffentlich Stellung zu meinem Peergruppenrausschmiss, der erfolgt war wegen meiner Ablehnung einer Co-Supervision unserer Peergruppe, was der Ausbilder mit Lobhudelei abtat: er würdigte meine Bereitschaft zur Weiterarbeit und entpflichtete mich von weiterer Peergruppenarbeit, die im Ausbildungsvertrag festgeschrieben war. Seine Wertschätzung nahm ich zum Anlass, ihm meine Selbstanalyse vorzustellen, die er als Belegarbeit genehmigte.

Geistprozesse der Selbstbildung, die den Arbeitsprozess der spirituellen Selbstanalyse und ein nachfolgendes Englischtraining für die Londonauszeit begleitet hatten, wurden näher ausgeführt in Kapitel IV.5.

Die Skizzierung des untrennbaren Kosmossystems der Mai-Schlusswoche unter dem Aspekt der vorbestimmten Schicksalsmeisterung am Abreisetag mittels erstmals bewusster Schockentgleisung beim Augenvolltreffer des Ausbilders:

1. Tag: Am Vormittag widerfuhr mir ein spiritueller Wahnsinnswirbel hinsichtlich einer frühsexuellen Unterwerfung mit innerer Ruhefindung zum Schluss [als geistiger Ausgleichsprozess der Schockamnesie am 4. und 5. Tag]. … Abends folgten Ausbilderbegrüßung und Übergabe der spirituellen Selbstanalyse.

2. Tag: Die öffentliche Ausbildereinschätzung meiner Selbstanalyse als Werk einer Frühstörung wurde wettgemacht durch einen erotischen Lusttanz zwischen Mann und Frau in meiner ersten Klientensession.

3. Tag: Der Supervisionsauftrag meines Therapeuten für die zweite Klientensession, mich mit pausenlosen Fragen zu löchern, endete mit einem aufsteigenden Knurranfall aus tiefsten Tiefen im Zustand des essenziellen Kontakts. … Während mein Therapeut dafür in der Supervision zur Rechenschaft gezogen wurde, erfasste mich ein Schüttelanfall, der mit einer feinstofflichen Lösung der Hände und Unterarme ausging [als Ende des Klammerns am Ausbilder]. … Nach Rückbesinnung in der Mittagspause widerfuhr mir zur Nachmittagseröffnung die Transformation einer Schreck-lösung des frühkindlichen Moro-Reflexes, wonach ich noch am fakultativen Bewegungstanz nach Musik teilnahm. Als ich mich der tanzenden Schar um den Ausbilder anschließen wollte, ging er zurück zu seinem Platz, und ich landete beim Co-Ausbilder. Mit frisch erworbener Selbstbefreiung schoss ich ihn späterhin – mit seiner gerade vorgeführten „Therapiewaffe zur Befreiung von fesselnden Autoritäten" – vom Sitz aus ab, wofür ich einen Grup-penlacher erntete.

4. + 5. Tag: Schockamnesie [bereits ausgelebt im spirituellen Wahnsinnswirbel am 1.Tag]

6. Tag: Der Ausbilder überreichte mir eine Literaturangabe zur Führung eines Tagebuches. Vor meiner (zweiten) Arbeitssession erschien meine Klientin verwirrt – aus einer Co-Privatsitzung kommend. Ich fing an, sie wortlos herumzuschubsen, und im Ge-rangel kamen wir beide wieder zu Kräften. Meine Arbeitssession wurde ein Erfolg, den ich als Ausbildungserfolg wertete.

7. Tag: Der Co bekam Applaus als Spaßvogel beim Aufblasen ei-ner quietschenden Papierschlange, wonach ich ihm in öffentlicher Gruppenrunde ein spaßiges Kontaktangebot machte, indem ich mich ihm mit dem Scherzartikel „aufgezogener roter Schuhe" nä-herte, doch meine Bewegung wurde gestoppt beim Augenvolltreffer des Ausbilders, denn wie vom Blitz getroffen brach mein Ener-giestrom zusammen; beschämt kroch ich zum Platz zurück Die bewusste Schreckstarre am Abreisetag beendete die geheime Macht des Ausbilders über mich.

Am 30.4.2020 wurde ein Auravideo angefertigt, von dem ich – dank der erworbenen Erkenntnis der Schicksalsmeisterung in der Mai-

Schlusswoche – eine höhere Bewusstseinsebene erwartete, doch wie bereits zum Schluss des BoD-Manuskripts am 30.8.2018, wurde ein geklärtes Solarplexus-Chakra (3. Chakra, Farbe Gelb) gespiegelt, das jeweils für eine Schicksalsmeisterung stand.

Erst bei Gegenüberstellung beider Auravideos, gemäß Anhang, begriff ich die höhere Bewusstseinsebene:

Das geklärte Solarplexus-Chakra vom 30.8.2018 kennzeichnete eine Spiegelung der Ausbildungsgeschichte durch Schreibarbeits-Bewusstseinsrhythmen, um der Verlagsforderung, den Datenschutz der Ausbilder zu beachten, nachzukommen. Die technisch erworbene Distanz zum Ausbildungstrauma verbalisierte der Computer als intellektuelle Leistung.
[Gelb durchsetzte die Aura und nicht das 3. Chakra]

Das Auravideo vom 30.4.2020 kennzeichnete das Schicksalsbewusstsein, wobei die Farbe Gelb das Solarplexus-Chakra erleuchtete, das die gesamte Chakrenleiter überstrahlte. Der Computer verbalisierte Weisheit.

Am 28.7.2020 unternahm ich einen letzten Versuch, einen Verlag für meine Arbeit zu interessieren.

Da ich keinen positiven Bescheid erwartete, schickte ich ein Exposé und sämtliche Aurafotos/Auravideos an ein Institut, das unter anderem grundlegende Organisationsprinzipien komplexer biologischer Netzwerke studierte. Mit Wissenschaftlern ins Gespräch zu kommen, schien mir – dank der Videobeweise— als wahrscheinlich.

Am 21.8.2020 erhielt ich eine Verlagsrückmeldung, dass mein Exposé in den nächsten 12 Wochen geprüft werde. Diese Rückmeldung nahm ich zum Anlass, mir eine meditative Auszeit zu gönnen.

Das Institut hatte meine Sendung totgeschwiegen, wonach ich meine wissenschaftliche Denkwelt in die Geistwelt der kosmischen Logik einordnete.

VI. Erlösendes Bewusstsein über den Schöpfungsprozess der geistigen Evolution: von der integrierten Person im intakten Berufsleben über Transformationsprozesse im geistgeführten Kosmossystem der KPTA zum Überselbst in der Geistwelt des Einsseins

Am 28.8.2020 lenkte ein Wachtraum die Aufmerksamkeit auf die Traumwelt der Körperpsychotherapie-Hospitation im Diakoniekrankenhaus, die initiiert worden war vom späteren Ausbilder der KPTA:
Zur Ausgangslage:
Im letzten Jahr meiner Psychotherapie-Facharztausbildung (1987) hatte mich die Klinikleiterin zu einem Seminar eines Körperpsychotherapeuten aus dem westlichen Ausland mitgenommen.

Nach der einmaligen Teilnahme am Körperpsychotherapieseminar war ich beseelt von dem Wunsch, mich in Körperpsychotherapie zum Zwecke einer beruflichen Selbstverwirklichung zu spezialisieren.

Auf Anraten des Experten an einem Diakoniekrankenhaus in Sachsen nahm ich als Klientin an einer stationären Körperpsychotherapie teil, um seine Methode hautnah zu erleben. Nach Terminfestlegung, die den Abschluss meiner Fachausbildung berücksichtigte, widerfuhr mir – in froher Erwartung auf eine fünfwöchige Körperpsychotherapie-Weiterbildung in der Klientenrolle – die Traumbotschaft „Befreiung vom Vater".

Da ich ausnahmsweise im Diakoniekrankenhaus Tagebuch führte, blieben noch zwei Träume erhalten: „Strampelnde Herzkranke" und „Tierisches Hintenrum".

[Die Traumüberschriften entstammen dem Traumregister der wissenschaftlichen Nachzeichnung der KPTA des Jahres 2014.]

In den Träumen, die die freiwillige Klientenrolle im Diakoniekrankenhaus begleiteten, wurde die unklare Beziehung zum Therapeuten gespiegelt:

Jeder Patient erhielt in öffentlicher Gruppenrunde drei Sitzungen nach festgelegter Reihenfolge; alle zuerst die erste Sitzung, dann die zweite etc. Ich führte jeweils die Runden an. In meiner ersten Sitzung stellte ich den Traum „Befreiung vom Vater" vor, der beim Therapeuten einen Sturm der Entrüstung auslöste. Ich wurde belehrt, dass man seine Eltern nie loswerden könne. Ein Wort gab das andere und zum Schluss war für alle klar, dass ich fehl am Platze sei. Nach jeder Sitzung erwog ich meine Abreise, doch die persönlichen Erfahrungen und das Miterleben der Therapieprozesse im Gruppengesamt waren sehr spannend und mein Wunsch, mich mit Ausübung der Körperpsychotherapie selbst zu verwirklichen, überwog. Außerdem brach der Kontakt zum Therapeuten durch geforderte Tagesberichte nicht ab.

Nachfolgend die Protokolle der Träume, die den Wahnsinnswirbel der KPTA prophezeiten:

Das Traumprotokoll „Befreiung vom Vater" (Tr-1: Dezember 1987):

Das Haus meiner Kindheit steht in öder Landschaft ganz allein und dessen Hinterfront wird von Wasserfluten überspült, wie von einer großen Welle oder aus einem gewaltigen Wasserschlauch. Das große Haus ist menschenleer, und ich lasse mich im Keller nieder. Dann kommt der Vater und schleppt auf einem Handkarren eine sterbenskranke Frau an, übergibt sie mir und verspricht, bald zurückzukommen. *Die Frau liegt im Kellerraum in einem Liegesessel, quasselt unaufhörlich, und ich habe Angst, sie könne jeden Augenblick sterben. Als ich begreife, dass sich der Vater aus dem Staube gemacht hat, schlägt meine Angst in Panik um. In höchster Erregung herrsche ich sie an, den Mund zu halten. Daraufhin lässt sie sich mit einem lauten Plumps zurückfallen und ist dann völlig entspannt. Diesen Ruck der Entspannung erlebe ich selbst ganz intensiv.*

„Strampelnde Herzkranke" (Tr-2: 12.3.1988):
Ich hole eine Bekannte, die gerade strickt und aufreppelt, zu einer Theaterprobe ab, die auch ohne mich bestens läuft. Unterwegs kaufen wir im Reformladen Gesundheitssäfte ein und die Schwester der Poliklinik verschiebt lachend meine Einstellungsuntersuchung bis zur Arbeitsaufnahme. Plötzlich bekommt die Bekannte einen Herzanfall und liegt strampelnd im Bett.

„Tierisches Hintenrum" (Tr-3: 23.3.1988):
Hinter dem Rücken einer Schulfreundin lauern die Katze und ein Braunbär, um mich zu packen. Meine Freundin distanzierte sich von mir als Lügnerin und ich will mich unbedingt befreien.

Der stationäre Aufenthalt am Diakoniekrankenhaus endete ganz überraschend mit einem Angebot des Therapeuten, mich um eine berufliche Hospitation bei ihm zu bewerben.

Nach Rückkehr ans Berliner Institut übergab mir der Chefarzt eine Negativbeurteilung (1988), womit er mein gesamtes Berufsleben zerstörte.

Im Jahre 1991 startete ich eine Ausbildung in Körperpsychotherapie zum Zwecke des beruflichen Wiedereinstiegs bei jenem Experten, der mir 1987 die Körperpsychotherapie ans Herz gelegt hatte – inzwischen im Zustand der gesellschaftlichen

Entwurzelung infolge Ausbürgerung aus der DDR nebst Mau-
erfall und Niederlagen der beruflichen Rehabilitation am neuen
Wohnort in Hamburg.

Bereits in der ersten Kurswoche stellte der Ausbilder mein Teilnahmeverbot am Methodentraining durch, wonach – dank mystischer Führung – der Ausweg gefunden wurde, die Methode im Klientenstatus
mitzuerleben, wie schon am Diakoniekrankenhaus. Damit nahm unter
Geistführung eine spirituelle Höherentwicklung Gestalt an:

Transformationskompetenz entstand im ersten Jahr des Rückzugs
auf die Klientenrolle. Das zweite Jahr der erfolglosen Kontakt-
bemühungen zum Ausbilder führte zum urtiefen Selbstkontakt,
verbunden mit der Botschaft, dass Erde und Tod Ewigkeit und
Trost seien; das Jahr endete mit meinem freiwilligen Verzicht auf
einen beruflichen Wiedereinstieg.

Im letzten Jahr folgte die analytische Erkenntnis einer gesetzmä-
ßigen Transformationsentwicklung der Vorjahre, die das Geistfun-
dament bildete für den erstmals bewusst erlebten Schreckreflex
beim Augenvolltreffer des Ausbilders am Abreisetag der Mai-
Schlusswoche.

Die spirituelle Höherentwicklung mithilfe der Ausbilderbeziehung –
die ihren Anfang genommen hatte mit meiner Begeisterung für die
Körperpsychotherapie als Seminarteilnehmer im noch intakten Berufsleben – kennzeichnete den Großen Plan der vorbestimmten Schicksalsmeisterung.

Am 13.11.2020 erhielt ich eine Verlagsabsage, die erstmals persönlich
abgefasst war. Unter anderem wurde mir ein Self-Publishing-Verlag
empfohlen, um mein Manuskript in eigener Regie mit größtmöglicher
Gestaltungsfreiheit zu veröffentlichen. Diese Empfehlung kam mir

entgegen, denn noch suchte ich vergebens nach einem schlüssigen Schlusskapitel.

Am Neujahrstag des Jahres 2021 vertiefte ich mich nochmals in das Auravideo vom 30.4.2020, in dem der gereinigte Solarplexus (3.Chakra) die gesamte Chakrenleiter überstrahlte, was einer Schicksalsmeisterung gleichkam.

Im Nachhinein ging mir nicht mehr der erstmals bewusst erlebte Schreckreflex beim Augenvolltreffer des Ausbilders in der Mai-Schlusswoche aus dem Sinn, bis ich über die bisherige Nichtbeachtung der Geistprozesse, die die Anfertigung der spirituellen Selbstanalyse begleitet hatten, stolperte:

Ich hatte unter Zeitdruck die spirituelle Selbstanalyse der Vorjahre, gedacht für einen geistigen Austausch mit dem Ausbilder in der Mai-Schlusswoche, angefertigt. Die bei der Bewusstseinsbildung begleitenden Geistprozesse waren bisher außen vor geblieben, wodurch— irrtümlich – das spirituelle Selbstbewusstsein als Rückhalt für den erstmals bewusst erlebten Schreckreflex beim Augenvolltreffer des Ausbilders angesehen worden war.

Jetzt nahm ich die Geistprozesse unter die Lupe, wobei herauskam, dass die Analysetätigkeit und die begleitenden Geistprozesse einander ergänzten im Sinne einer Energieselbstbildung, die zur Ausbilderbeziehungsklärung in der Mai-Schlusswoche vonnöten war.

Die Nachskizzierung der Entwicklungsetappen auf dem Weg zum Energieselbst:

Vom Geistprozess „Brustsumpf" – über ein biografisches Selbstfundament – zur spirituellen Animatransformation

Zum Start der spirituellen Strukturarbeit warf mich der Geistprozess „Brustsumpf" aus der Bahn:

Der Geistprozess „Brustsumpf" war mir zum Start des zweiten Aus-
bildungsjahres widerfahren, nachdem ich die Lähmung im schwar-
zen Loch überwunden hatte mit dem Ziel, Kontakt zum Ausbilder
herzustellen. Damals ergab der Geistprozess keinen Sinn; erst zum
Schluss des Jahres war jeder Hoffnungsschimmer auf Ausbilderkon-
takt erloschen. Die Treffsicherheit des Geistprozesses vor der Zeit
führte jetzt zur Ekelüberflutung und zur Arbeitsunterbrechung.

Nach geistiger Integration des Gruppensumpfes widerfuhr mir die
Transformation Schnecke mit Haus, die Abenteuerlust weckte:

Die untere Gestalthälfte bildete ein Muschelhaus wie eine spitze
Tüte; die Basis aus dem Zwerchfell und die Spitze aus den Füßen.
In diesem Gehäuse lebte eine weiche Schnecke mit sensiblen Füh-
lern, die sich ins gefährliche Leben wagte, aber jederzeit ins eigene
Haus flüchten konnte.

Mit immanenter Lebendigkeit begriff ich das Lügengespinst des Ausbilders zum Start des dritten Jahres (7. Woche):

Der Ausbilder hatte die Klärung der Co-Ohrfeige zur Chefsache
erhoben, indes der angeblich suspendierte Übeltäter längst gefeu-
ert war, danach mit Lobhudelei meine Peergruppenausgrenzung
besiegelt.

Bei Erarbeitung eines kurzgefassten Lebenslaufs für die Selbstanalyse
rückte die Ausbileransage der Frühstörung meiner Person in erster
Kurswoche in die Aufmerksamkeit:

Seinen ersten Affront am vierten Ausbildungstag hatte ich abwen-
den können, wonach er mir die Persönlichkeitsentwicklung eines
Dritten Auges eingestand. Doch seine Wertschätzung diente nur

der Zeitgewinnung, denn die Frühstörung wurde mein Ausbildungsschicksal.

Die Rückbesinnung auf meine biografische Höherentwicklung initiierte eine Schreckvision mit Teufelsaugen, die die Brust erregte:

Aus zwei hellen Flecken, die zu einer matten Fläche verschmolzen, entstanden zuerst zwei ganz wild funkelnde Augen, und schließlich blitzte mich ein von innen her strahlendes Teufelsgesicht mit zottigen Umrissen an. Der Schreck war so kurzlebig wie die Vision, doch die Wirkung – eine Energieentfesselung in Brust und Schultergelenken – hatte Bestand.

Vor der Abreise zu einer Co-Runde widerfuhr mir ein urtiefer Selbstprozess:

Es öffneten sich die Gelenke weit von oben nach unten, von den Kiefergelenken hinab zu den Füßen, je mit kosmischer Leere in den Gelenkspalten, dabei wirkte die Brust als Energiezentrum.

Der Co präsentierte sich als Diktator, die Gruppe marschierte im Gleichschritt und ich schüttelte mich im Hintergrund heftig durch. Eine Animatransformation ereignete sich in einer Gruppenmeditation am Abreisetag:

Meine Anima kam mir, aus der Sonne tretend, entgegen. Ich stand auf einer hohen Brücke über einem Wildbach. Wir umarmten uns in der Mitte der Brücke, wobei mein Herz in Wallung geriet.

Im Heimreisebus spürte ich noch immer die Animaumarmung mit glühendem Herzen, wobei mir eine spirituelle Animatransformation inmitten einer anonymen Reisegesellschaft widerfuhr:

Beim Nachspüren der Animaumarmung mit glühendem Herzen steckten die Füße und Unterschenkel in einem Energiewürfel – bei weit geöffnetem Kopf hin zum Kosmos.

Die erstmals geübte Toleranz des Co-Ausbilders mir gegenüber deutete ich als Würdigung meiner sozialen Kompetenz.

Vom spirituellen Bewusstseinsfundament – über den Geistprozess eines evolutionären Wahnsinnswirbels – zur Selbsterfahrung frühtraumatischer Berührungen

Mit spirituellem Selbstbewusstsein widerfuhr mir ein Geistprozess von Evolutionstiefe zur sensiblen Selbsterfahrung einer frühsexuellen Vaterverführung:

Zuerst entstand ein Krebs mit Weichheit unterm Panzer und weichen Augen, gefolgt von einem Embryo mit strömender Rückenerregung und weicher Stirn. Flüchtige Erscheinungen von Skorpion und Teufel wurden abgelöst von einem sich gemütlich sonnenden Tiger. Der Tiger lag gelöst auf dem Rücken und seine großen Tatzen ruhten auf der Brust; besonders beeindruckend waren ein je entspannter Schulter- und Beckengürtel und ein kräftiges Gebiss; ein schläfriger Genießer. Plötzlich kuschelte ich mich mit dem Rücken an Vatis Bauch und spürte dabei sein steifes Glied, indes er mir Brust und Bauch streichelte. Dabei hörte ich Mutti mit Engelsstimme in der rechten Schläfe meinen Namen rufen und freudige Erregung erfasste mich. Daraufhin streichelte ich wie erwachend Bauch und Brust und legte dann die Fäuste rechts und links unters Hinterhaupt, wobei von den Schläfen ausgehend sich zwei seitliche Energieströme über Arme, Gesicht und Rumpfseiten hinab zu den Beinen bildeten. Das Ganze traf mich wie eine Offenbarung, dass die Hinterhauptslücke noch geschlossen werde.

Im Schlusswort der Belegarbeit, die eine gesetzmäßige Transformationsentwicklung der ersten zwei Ausbildungsjahre aufwies, bat ich den Ausbilder ausdrücklich um ein Gespräch.

Der Große Plan der Selbstfindung: vom Trommelfeuer-Energieschock zur Selbsterneuerung mittels Naturkraft, von Transformationsprozessen beim Englischtraining zur Co-Zwangslösung und von einer tödlichen Augenschreckvision zur Daseinsfreude infolge Schlaferlösung

Eingangs ein Energieschock und eine bewusste Selbstwende mit Naturkraft in einem öffentlichen Brucknerkonzert:

Ein Trommelwirbel im Konzert initiierte einen Schockzustand mit Erleben eines Rückenkrampfes nebst Energierückzug in den Kopf. Die kaum auszuhaltende Selbsterfahrung wurde durch eine bewusste Rückbesinnung auf die Naturgeburt mit erregendem Rückenkontakt zur Mutter Erde bewältigt, wonach eine Selbsterneuerung mit atmender Hüfte in Gang gesetzt wurde.

Schocklösende Geistprozesse beim Hören von Englischkassetten für die Londonauszeit führten letztlich zur Lösung von Co-Zwangsgedanken:

Zunächst vom leeren Schneckenhaus zur embryoanalen Erdung, gefolgt vom Albtraum „Enthauptung" zur Kopföffnung in den Kosmos durch die Augen hindurch; eine Befreiung von quälenden Co-Zwangsgedanken mittels einer vorgeneigten Kristallpyramide [vergessenes Hauptmaterial] und letztlich: vom qualvollen Stuhldrangzwang zur essenziellen Kopflösung im Energiefeld der Hände als Befreiung vom qualvollen Co-Spuk.

Dem Tag des ersten unbeschwerten Englischtrainings folgte am Abend eine Herzschock-Vision mittels Volltreffer eines tödlichen Blickes, der über Schlafeinfall und Aufwachen wie neugeboren für Lebensfreude sorgte:

Dicht vor der Nase erschien eine Schädelvision mit stechenden Augenhöhlen, die das Herz trafen. In Todeserwartung atmete ich noch ein letztes Mal tief durch, doch dann erwachte ich aus tiefem Schlaf wie neugeboren – mit tiefen Schauerwellen in der Gestalt und einer hohen Energieladung an den Handgelenken; Daseinswonne.

Die Geistführung in der Mai-Schlusswoche auf die erstmals bewusst erlebte Schreckstarre beim Augenvolltreffer des Ausbilders am Abreisetag

Der bei den schocktiefen Geistprozessen unbehelligt gebliebene Ausbilder brachte sich mit einer freudigen Überraschung ein: Zwei seiner Kollegen in London boten mir in letzter Sekunde Unterkunft, die ich vor Ort hatte klären wollen. Die Reiseangst verwandelte sich schlagartig in Abenteuerlust mithilfe des Ausbilders, der wohl doch mein Bestes im Sinn hatte.

Nach Erledigung der Reiseformalitäten beim Arbeitsamt, widerfuhr mir der Geistprozess einer Überselbstbildung:

Von einer Morula-Zellkugel zu riesigen Fersenkeulen im bodenlosen Kosmos, vom Vogeltier zum Embryo mit verletztem Rücken und zum Schluss ein aufsteigender Energiestrom durch die Augen und durch die Schädeldecke in den Kosmos.

Der Albtraum „Späte Entmachtung des Magiers" weckte die Möglichkeit einer Ausbilderkritik an der Selbstanalyse, die bisher durch den ersehnten Geistaustausch ausgeblendet worden war.

Die Geistführung in der Mai-Schlusswoche fokussierte auf die erstmals bewusst erlebte Schreckstarre beim Augenvolltreffer des Ausbilders:

In der Mai-Schlusswoche wurden alle sozialen und spirituellen Erscheinungswelten gebündelt auf die Herstellung einer lebendigen Ausbilderbeziehung und auf die glückselige Vorstellung, die Ausbildung mit Erfolg gemeistert zu haben, wobei unter Geistführung alle Spannungen der unbewussten Ausbilderattacken umgelenkt wurden auf Selbstlösungsprozesse und Daseinsfreude.

Der Wahnsinnswirbel im Kosmossystem explodierte am Abreisetag, als ich dem Co-Ausbilder – im Überschwang eines vermeintlichen Ausbildungserfolgs – ein Kontaktangebot unterbreitete, das der Ausbilder abblockte mit einem stechenden Blick, der mich blitzschnell lähmte. Die erstmals bewusst erlebte Schreckstarre beim Augenvolltreffer des Ausbilders entschlüsselte seine absichtsvolle Zwangsverstrickung mit dem Co-Ausbilder und seine magische Augenfremdsteuerung obendrein.

Der Schöpfungsprozess vom persönlichen zum überpersönlichen Selbst schien nachvollzogen zu sein, doch innere Unruhe verkörperte das aktuelle Pendeln zwischen Denkwelt und Geistwelt.

Am 8.2.2021 entdeckte ich einen hartnäckigen Irrtum zum Geistprozess „Kreuzigung", der mir widerfahren war am Neujahrstag des zweiten Ausbildungsjahres, welcher der Gruppenbildung zur Ausbildungshalbzeit vorausgegangen war. Bis zum heutigen Tag hatte ich die Gruppenbildung auf meine soziale Kompetenz bezogen und nicht – gemäß Geistführung – auf die Entlarvung des Ausbilders als Spalter. Mit Sinnerfassung des Geistprozesses „Kreuzigung" wurde die kosmische Logik im Großen Plan der Höherentwicklung bis hin zur Ausbilderbeziehungsklärung in der Mai-Schlusswoche lückenlos nachvollziehbar.

Die Kennzeichnung der vorbestimmten Höherentwicklung vom persönlichen zum überpersönlichen Selbst mittels Einordnung des Geistprozesses „Kreuzigung" in das kosmische Netzwerk der Ausbildungszeit

Nach der spirituellen Erfahrung des „Einsseins im kosmischen Energiefeld", widerfahren in letzter Klientensession des ersten Jahres, folgte die Aktivitätswende „Herstellung von Ausbilderkontakt", wonach ich am Neujahrstag aufwachte mit dem „Geistprozess Kreuzigung", der eine longitudinale Strömung entlang der Wirbelsäule und eine qualvolle Brustspannung in Querlage umfasste.

Beim Nachdenken über die Brustspannung beim Neujahrsspaziergang begriff ich die Notwendigkeit, mein Herz für die Gruppe öffnen zu müssen, doch ich steckte voller Rachegefühle, bedingt durch den Widerspruch zwischen der Harmonie in den Übungen als Klientin und der eiskalten Abweisung gleich danach. ... Nach stundenlangem Stöhnen beim Laufen bekam die Herzöffnung zur Gruppe den Sinn, mich darüber von Umgangszwängen zu lösen.

Der herzerfrischende Gruppenzusammenschluss zur Ausbildungshalbzeit in einer Co-Runde entlarvte anschließend den Ausbilder als Spalter, der das Kompetenzdogma „Einzelselbsterfahrung" einführte, wodurch die Ausbilder unantastbar wurden.

Meine Bemühung, die Gruppe wachzurütteln über die Vorführung der Co-Gewalt, gelang zunächst wunschgemäß, denn der außer sich geratene Co verkündete, er könne mit mir machen, was er wolle, doch eine Stellungnahme der Gruppe blieb aus. ... Bereits im Vorfeld war mir im sonnigen Alstertal der Geistprozess einer Naturgeburt widerfahren.

[Die „Naturgeburt" als Aufbruch in die evolutionäre Vergangenheit]

Meine anschließende Bemühung, Kontakt zum Ausbilder zu erzwingen als Klientin seiner Demosession, nutzte der Experte zur

Vorführung meines Muttertraumas. ... Bereits im Vorfeld war mir – im Zustand der Schlaflosigkeit – eine spirituelle Selbstöffnung in Kosmostiefe widerfahren: über den atmosphärisch geladenen, leeren Gruben der Eltern stehend, forderte ich sie verbal auf, mich als erwachsene Frau wahrzunehmen; das Ganze wurde abgeschlossen mit der Botschaft von Erde und Tod als Ewigkeit und Trost.

[Die Prophezeiung der Überselbstbildung im kosmostiefen Lebenszyklus]

Am letzten Tag des zweiten Jahres verkündete ich meinen freiwilligen Gruppenaustritt: die Selbstbestimmung war eine Wohltat, obwohl sie zwangsläufig einen beruflichen Wiedereinstieg verhinderte.

Zum Jahreswechsel verursachten „Engelsanrufung" und „Teufelstransformation" eine Untersuchung der spirituellen Erfahrungen der Vorjahre auf eine gesetzmäßige Entwicklung.

Begleitend zur spirituellen Selbstanalyse wurde die Ausbildergeheimwaffe „Augenschreckschuss" entschärft: in der Eröffnungswoche des letzten Jahres (7.Kurswoche) mithilfe von Transformationskompetenz und – nach Erkenntnis einer gesetzmäßig verlaufenden spirituellen Höherentwicklung – mithilfe einer Augenschreckschuss-Vision, die eine Selbstwende von Schreckstarre zur Daseinsfreude auslöste – über Schlafeinfall und Aufwachen wie neugeboren.

Die Mai-Schlusswoche (8. Kurswoche) endete mit einer erstmals bewusst erlebten Schreckstarre beim Augenvolltreffer des Ausbilders, die eine spaßige Kontaktunternehmung zum Co blitzschnell abblockte und gleichzeitig die geheime Augenwaffe des Ausbilders ins Bewusstsein rückte.

Mit der Einordnung des Geistprozesses „Kreuzigung" in das urphänomenale Kosmossystem der Ausbildungszeit kam der Schöpfungsprozess der geistigen Evolution – von der persönlichen Höherentwicklung im intakten Berufsleben über die Transformationsentwicklung im Verlauf der KPTA bis hin zur Überselbstgestaltung in der Geistwelt des Einsseins – zum Abschluss mittels erlösendem Bewusstsein.

Nach der Schreibarbeit steht an, den Zustand des erworbenen Seelenfriedens zu festigen mit kontemplativer Lebensweise.

Textschluss

EPILOG

Die Ausgangslage „Drittes Auge"/6. Chakra zum Start der KPTA, die eine integrierte Persönlichkeit kennzeichnet, wurde mir zum Verhängnis:

Der Ausbilder entzog mir alle Ausbildungsrechte bereits in der ersten Kurswoche und bombardierte mich fortan mit geheimen Augenschreckschüssen, die meine Seele trafen, denn der Wirkungsbereich eines harmonisch ausgebildeten Stirn-Chakra sind die Augen, die Spiegel der Seele.[H. und H. Korteweg in *Dem inneren Licht folgen*]

Um mein Berufsleben zu retten, strengte ich mich an, vom Ausbilder akzeptiert zu werden. Diese Sisyphusarbeit führte zu einer fesselnden Beziehung zugunsten einer spirituellen Höherentwicklung gemäß Vorbestimmung.

Eine persönliche Höherentwicklung vom Stirn-Chakra zum Kronen-Chakra schildern die Autoren Korteweg folgendermaßen (Zitat):

„Die Kenntnis der Chakrenstrukturen und Einblick in das in der gegenwärtigen Lebensperiode bestimmende Abwehrmuster können helfen, die Energie aus dem Zustand des unfruchtbaren Kreisens innerhalb der Struktur zu befreien, so dass die Arbeit eine persönliche Färbung annehmen kann. ... [wir] werden durchlässig für die Absicht, die wir nicht von Anfang bis Ende überblicken können. Die Struktur erweist sich als eine Knospe, die sich zur Blüte entfaltet – das Stirn-Chakra öffnet sich wie ein Kelch zum tausendblättrigen Kronen-Chakra – die Persönlichkeit wird zu einer Empfangsstation für die hohe Frequenz der Seele."

Die analytische Aufbereitung meiner spirituellen Höherentwicklung gab ich dem Ausbilder in der letzten Kurswoche als Belegarbeit zur Kenntnis, doch sie verhinderte nicht meine Entlassung im Schockzustand, der – dank dem geistigen Fundament – überwunden werden konnte.

Die Merksprüche der Uryoga-Philosophie, die zum Autobiografiestart zu meiner Kenntnis gelangten, offenbaren die spirituelle Entwicklung als Weg nach innen – im Sinne einer vorbestimmten Schicksalsmeisterung, wonach die geplante Aufarbeitung des beruflichen Traumas fallengelassen wurde zugunsten „Schreiben als Weg zur vorbestimmten Schicksalsmeisterung".

Die Schreibarbeit benötigte ein Vierteljahrhundert, denn die Unterscheidung des beruflichen Traumas vom Ausbilderschicksal war verknüpft mit der geistigen Höherentwicklung von analytischer Denkwelt zur Geistwelt des Einsseins.

Die Schreibarbeits-Bewusstseinsrhythmen wurden dokumentiert mittels Aurafotografie; Aurafotos/Auravideos ermöglichten Vergleiche verschiedener Bewusstseinsetappen und letztlich die Wesenserfassung des Großen Plans:

Der Schöpfer, der die gesamte Erscheinungswelt des Universums erschuf und in ihr immanent verblieb, bildete ein untrennbares Ganzes, das sich – mit kosmischer Logik – ständig wandelte.

Die Höherentwicklung der Persönlichkeit vom Naturwesen zum Geistwesen wurde im Schöpfungsprozess – dank der geistigen Anlage eines Schicksals – einbezogen: die Selbstentwicklung im Kreislauf der Wiedergeburten gipfelt im Erwerb der ursprünglichen Reinheit der Seele, bedingt durch erlösendes Bewusstsein; näher ausgeführt in den Merksprüchen der Uryoga-Philosophie.

Das Auravideo zum Werksschluss dokumentiert den Zustand einer Wiederbelebung nach Schicksalsmeisterung:

Auravideo vom 18.3.2021:

ORANGE-RED artistic, physical-creative expression, excitement

ORANGE [Sakralchakra/2. Chakra] überstrahlte die gesamte Chakrenleiter und steht für Lebensfreude,

ROT [Wurzelchhakra/1. Chakra] offenbart eine Wiederbelebung, die vom Violett in der Aura als eine überpersönliche Qualität ausgewiesen wird [Verbindung zu Gott, höheres Selbst/7. Chakra, Farbe: Violett].

Das Werk ist getan; ich habe meinen Platz im Großen Ganzen eingenommen.

Hamburg, 10.05.2021

ANHANG: AURAFOTOGRAFIE

1. Eine Einführung in die Aurafotografie und die Skizzierung der Schreibarbeits-Bewusstseinsrhythmen bis hin zur geistigen Integration des Ausbildungstraumas

Der Heilpraktiker und Aurafotograf Ralf Marien-Engelbarts begleitete meine Schreibarbeit von Anfang bis Ende, wodurch meine Bewusstseinsarbeit bis hin zur vorbestimmten Schicksalsmeisterung dokumentiert wurde.

Zur geistigen Orientierung im Aufarbeitungsprozess des Kosmossystems der Körperpsychotherapieausbildung [KPTA] dienten: die spirituelle Selbstanalyse, die Uryoga-Merksprüche in *DAS YOGA SUTRA* von Sigmund Feuerabendt, die Chakrenstrukturen in *Dem inneren Licht folgen* von H. und H. Korteweg und die Gespräche mit dem Aurafotografen sowie seine Chakren-Farbtabelle.

Die geistige Integration des Ausbildungstraumas über die Schreibarbeits-Bewusstseinsrhythmen erfolgte unfreiwillig:

Der Schreibprozess wurde vorangetrieben von dem Drang, das Ausbildungstrauma zu publizieren, doch der Self-Publishing-Verlag BoD lehnte mein Manuskript wegen Nichtbeachtung des Datenschutzes der Ausbilder ab. Daraufhin wurde die Ausbildungszeit lediglich über die Schreibarbeits-Bewusstseinsrhythmen gespiegelt; näher ausgeführt in Abschnitt III. Die Konzentration auf die Geistprozesse endete mit einer posttraumatischen Selbstbestimmung.

In *Mein Weg der Schicksalsmeisterung unter mystischer Führung. Von schicksalsschwerer Psychotherapieausbildung zu erlösendem Bewusstsein*

[BoD 2018] wurden alle Aurafotos/Auravideos abgebildet. Der PC-Computer des letzten Auravideos verbalisierte ein geklärtes Solarplexus-Chakra, das die Geistarbeit als intellektuelle Leistung auswies, die ich als gelungene Schicksalsmeisterung deutete, doch zu jenem Zeitpunkt lag das Ausbilderschicksal noch im Dunkeln, worauf die Farbgestaltung der Aura hinwies:

Die dominante Solarplexus-Farbe „YELLOW/Gelb" fehlte im Solarplexus-Chakra/3. Chakra; sie wurde lediglich in einer disharmonischen Aura gespiegelt. [Eine vollendete Harmonie — als Ausdruck der Weisheit — im Auravideo vom 30.4.2020]

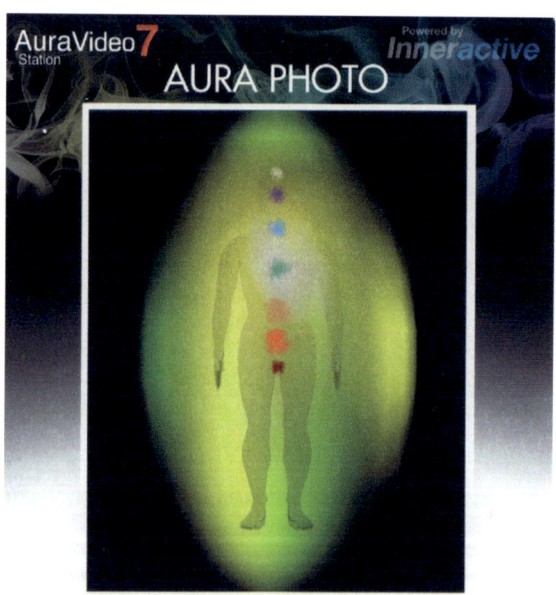

Schueler 30.08.2018

YELLOW creative, easy going, intellectual, philosophical, optimistic

Inneractive Enterprises Inc. * Email: email@aura.net Internet: www.aura.net

8/30/2018 10:11 AM

2. Das Prinzip der Aurafotografie gemäß Chakren-Farbtabelle von Ralf Marien-Engelbarts

Die Computerkamera erfasst die momentane Konstellation der persönlichen Chakrenstrukur mittels Energieausstrahlung nach außen [rechte Seite] und nach innen [linke Seite]. In der Farbtabelle sind die einzelnen sieben Chakren farblich gekennzeichnet und inhaltlich kurz skizziert.

Die farbliche Kennzeichnung der einzelnen Chakren:

1. Chakra: *Wurzelchakra, Farbe Rot*
2. Chakra: *Sakralchakra [Sexual-Chakra], Farbe Orange*
3. Chakra: *Solarplexus-Chakra, Farbe Gelb*
4. Chakra: *Herzchakra, Farbe Grün*
5. Chakra: *Halschakra [Kehl-Chakra], Farbe Blau*
6. Chakra: *Drittes Auge [Stirn-Chakra], Farbe Indigo/Violett*
7. Chakra: *Kronenchakra, Farbe: Violett/Weiß*
          [Doppelbezeichnungen aus „Dem inneren Licht folgen" von H. und H. Korteweg]

Die Chakren-Farbtabelle von Ralf Marien-Engelbarts:

ROT - hell
Energie, Aktivität, Freude, Liebe , Power, Kraft, Sexuelle Energie,
Veränderung, Neuanfang, Ziele umsetzen, Willenskraft

ROT - dunkel
Konflikte, Kämpfen, Unruhe, Ärger, Stress, unbewusste Spannungen,
„das Leben ist Kampf", Pubertät, mit sich selbst kämpfen, „nicht still
sitzen können,, schlechte Erdung, nicht abschalten können, nicht
auf der Erde sein wollen, kein Urvertrauen, Ängste, unterdrückte
Emotionen, z.B. Wut
Tipp: Energie in gute Bahnen lenken, Energiearbeit (Reiki, Taichi,
Qi gong) Sport als Ventil, Trommeln, die (familiären) Wurzeln klären.

ORANGE - hell
Lebensfreude, Kreativität. Genuss, Neugier, Mut, Tanzen, Musik
machen, Leichtigkeit, Sozial, Sensibel

ORANGE - dunkel
Schock und Trauma, Verletzung in der Aura, alte unterbewusste
Blockaden, Beziehungsprobleme, verletztes Inneres Kind,
Abhängigkeiten, Müdigkeit, Überforderung,
Mißbrauchsthemen, verdrängen, innere Spannung, alte Ängste,
Abgrenzungsprobleme, alte Muster, Selbstwertthematik,
viel Bestätigung brauchen
Tipp: Vater-Mutter-Beziehung klären, Unterbewusstsein aufräumen,
inneren Hausputz betreiben, den Gefühlen durch Kreativität
Ausdruck verleihen, VERGEBEN (sich selbst und den Mitmenschen)

Gelb - hell
Klarheit, sonniges Gemüt, Intellekt, Weisheit, Wissen, mentales
Arbeiten, Leichtigkeit, alte Muster bearbeiten (Bewusstwerdung),
etwas verdauen /verarbeiten, positiv Denken, Willenskraft und
Konzentration, Reflektieren und Verarbeitungsprozess

Gelb - dunkel
Grübeln, Ängste, zu rational, Stress, Egoismus, nicht abschalten
können , die Gedanken kreisen um ein Thema, zu viele Eindrücke
von außen, sich selbst kontrollieren, negative Gedankenmuster,
Sorgen, alte Prägungen, einengende Programme
Tipp: Raus aus dem Kopf ins Herz, Meditation zum Zentrieren,
Intuition verstärken, positives Denken, Affirmation, Loslassen

GRÜN - hell
Herzlichkeit, Helfen, Harmonie, eigene Heilung, Ausgeglichenheit,
Offenheit, Toleranz, Heilfähigkeiten, inneres Wachstum,
Naturverbundenheit, sehr kommunikativ, mitfühlend, oft in sozialen
und medizinischen Berufen

GRÜN - dunkel
Helfersyndrom, nicht Nein sagen können, leicht Schuldgefühle,
wenig Durchsetzung, eigene Probleme nicht sehen wollen,
seelischer Mülleimer, wenig Selbstliebe
Tipp: Nein sagen lernen, lernen mit sich selbst liebevoll umzugehen,
den Raum für sich selbst nehmen

BLAU - hell
Ruhe, Urvertrauen, Religiosität, Zufriedenheit , Glauben, sich sicher
fühlen, Wahrheit, Konzentration auf das Wesentliche, Schutz,
Kontakt zu Engeln, Gebet, Wahrheitsliebe, Gefühlsmensch

BLAU - dunkel
Rückzug, Schwere, Energiemangel, Ruhebedürfnis nach Veraus-
gabung, Reserviertheit, Belastung, Kühle, Depression, zu hoher
Anspruch, Starre, alte Enttäuschungen, Verletzungen,
Karmische Muster, tiefe alte Schockerlebnisse
Tipp: nicht abheben, Herz öffnen, alte Verletzungen loslassen

VIOLETT - hell
Durchlässigkeit Intuition, Spiritualität Inspiration, Urvertrauen, sich
geführt fühlen, Spirituelles Wachstum, Mitfühlen, Sensibilität,
Medialität, Meditation, Liebe, Höheres Selbst,
Telepathie, künstlerische Fähigkeiten, Gefühlsmensch

VIOLETT - dunkel
Abgrenzungsprobleme, Ängste, Aufopfern, wenig
Stabilität, zu wenig Egoismus, verletzlich,
empfindlich gegen negative Einflüsse
Tipp: Schutz lernen und Abgrenzung, sich nicht
ausnutzen lassen.

WEISS - klar
STILLE, Erleuchtung, Öffnung für kosmische / göttliche Energie
Enthält alle Farben, Schutz, starke Ausstrahlung,
mit allem Eins sein, charismatische Persönlichkeit

WEISS - unklar
Keine Erdung, nicht im Körper sein, abgehoben, Energiestau
Tipp: Geistige Erkenntnisse integrieren und umsetzen, Erdung
herstellen, Körperbewusstsein stärken durch Tai Chi, Yoga.

ROSA - hell
Bedingungslose Liebe, Weichheit, Mitgefühl

ROSA - dunkel
Verletzlichkeit, Naivität, zu gutgläubig, Helfersyndrom
Tipp: Gesunden Egoismus erlernen.

SCHWARZ/BRAUN
Keine Energie, Loch, Negative Beeinflussung Negative Einstellung,
Schwäche, Mangel, Erschöpfung, Zerrissenheit Fremdenergien,
gestaute Energie, alte Blockaden / Muster

1 .CHAKRA: WURZELCHAKRA
Farbe: Rot / Vitalität, Standfestigkeit, Verwurzelung
Körper: Beine, Füße, Knochen, Blut, Zellaufbau, Dickdarm,
Geschlechtsorgane
Edelsteine: Granat, Hämatit, roter Jaspis, Koralle , Onyx, Rubin,
schwarzer Turmalin, roter Achat

2. CHAKRA: SAKRALCHAKRA
Farbe: Orange / Lebensfreude, Kreativität, Sexualität
Körper: Geschlechtsorgane, unterer Rücken, Nieren, Dickdarm,
Dünndarm, Knie, Kreislauf
Edelsteine: Karneol, Mondstein, Sonnenstein, Aprikosen-Achat,
Orangencalcit, Feueropal, Hessonit

3. CHAKRA: SOLARPLEXUS
Farbe: Gelb / Fröhlichkeit, Durchsetzung, Selbstvertrauen
Körper: Magen, Galle, Leber, Rücken, vegetatives Nervensystem,
Immunsystem
Edelsteine: gelber Caldt, Citrin, Honigcalcit, Pyrit, Bernstein,
Goldtopas, Tigerauge

4.CHAKRA: HERZCHAKRA
Farbe: Grün/ Herzlichkeit, Helfen, Liebe, Vertrauen
Körper: Herz, Lunge, Brustkorb, Brustwirbelsäule, Thymusdrüse
Edelsteine: Aventurin, Rhodonit, Rosenquarz, Smaragd,
Azurit-Malachit, Chrysokoll, grüner Turmalin, Mangancalcit

5.CHAKRA: HALSCHAKRA
Farbe: Blau / Kommunikation, Gefühlsausdruck, Wahrheit
Körper: Hals, Schilddrüse, Stimmbänder, Luft- und Speiseröhre,
Schultern, Sprache
Edelsteine: Aquamarin, Blauquarz, Chalcedon, blauer Calcit,
Coelestin, Türkis

6.CHAKRA: DRITTES AUGE
Farbe: Indigo, Violett/ Intuition, Sensibilität , innere Führung
Körper: Augen, Stirnhöhle, Hypophyse, Gesicht, Gehirn,
Kopfschmerz, Ohren, Nase
Edelsteine : Azurit, Sugilith, Lapislazuli, Sodalith, Apatit, Saphir,
blauer Fluorit

7.CHAKRA: KRONENCHAKRA
Farbe: Violett, Weiß / Verbindung zu Gott, höheres Selbst
Körper: Epiphyse, Gehirn, Energieeintritt in den Körper,
Gottvertrauen
Edelsteine: Amethyst, Bergkristall, Sugilith, Lepidolith, Charoit.
Ametrin

Jede Farbe hat positive und negative Eigenschaften.
Entscheidend ist die Schattierung und Klarheit einer Farbe, ihre
Position und die Ausgewogenheit der Gesamtaura. So bedeutet
z.B. ein sauberes Rot Liebe, Kraft, Power, während dunkles Rot
auf Kampf und Konflikte hinweist. Links (=linke Körperseite)
finden wir die innere, gefühlsmäßige Seite (so ist unser Grundgefühl).
Rechts stellt die äußere, abgebende Seite dar (auch die körperliche
Energie , so sehen uns auch andere Menschen) und die äußeren
Einflüsse sind hier zu sehen. Eine Bewegung in den Farben der
Aura ist natürlich, aber jeder Mensch tendiert aufgrund seiner
Persönlichkeit zu bestimmten Farben. Wenn Sie sich tiefgründig
verändern, wird sich das langfristig auch in anderen Farben in

3. Die Bewusstseinsentwicklung von analytischer Denkwelt zur Geistwelt des Einsseins im Spiegel der Auravideos

Mit Distanz zum Ausbildungstrauma wurde das kosmische Netzwerk der Ausbildungszeit nachvollzogen, gemäß Abschnitt IV:

Abschließend wurde im Auravideo vom 3.7.2019 das Kronenchakra gespiegelt, das eine Vollendung der Persönlichkeitsentwicklung kennzeichnet [Farbe: Violett, Weiß/Verbindung zu Gott, höheres Selbst]:

Christa Schüler 3.7.2019

LAVENDER magical, mystical, imaginative, ethereal, intuitive

Inneractive Enterprises Inc. * Email: email@aura.net Internet: www.aura.net

7/3/2019 11:59 AM
www.aura.net

Mit Vollendung der persönlichen Entwicklung erfolgte eine Nachschau der spirituellen Höherentwicklung des Ausbildungszeitraums – unter bewusster Abspaltung der traumatischen Zwangsumstände – wonach im Auravideo vom 18.10.2019 ein die gesamte Chakrenleiter überstrahlendes Herzchakra [Farbe: Grün] erschien, wobei die Aura vollkommene Harmonie offenbarte.

Über das Auravideo der individuellen Individuation vom 3.2.2015 wurde der Qualitätssprung von der persönlichen Entwicklung (2015) zum Leben aus der Mitte des Seins (2019) fassbar:

Der Computertext beider Videos war zwar – bis auf die Tiefenunterschiede [Deep Green/ Green] identisch:

DEEP GREEN (2015) und GREEN: (2019): „balanced, social, teacher, love poeple, nature, animals"

Der unterschiedliche Entwicklungsstand wurde aber offensichtlich im Auravergleich: eine disharmonische Farbgestaltung der Aura von 2015 und eine vollkommene Harmonie in der Aura von 2019.

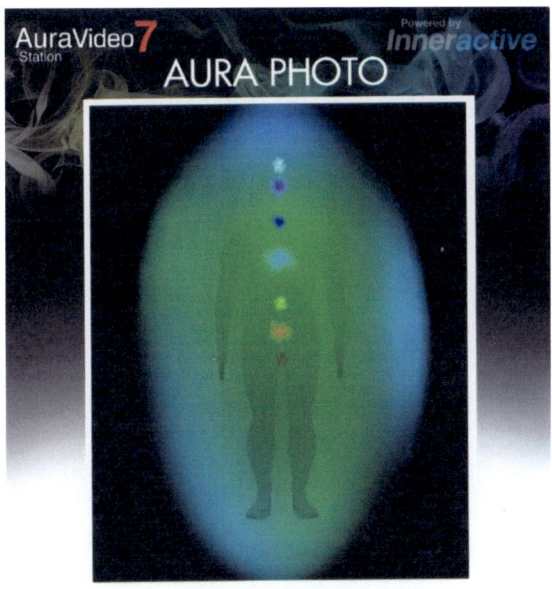

Christa Schüler 18.10.2019

GREEN balanced, social, teacher, love people, nature, animals

Inneractive Enterprises Inc. * Email: email@aura.net Internet: www.aura.net

Die Klarheit der Lebensführung aus der Mitte des Seins initiierte den Geistsprung vom Ausbildungstrauma zum Schicksalsbewusstsein, das die meditative Erkenntnis der immanenten Verbundenheit von unbewussten Augenschreckschüssen des Ausbilders und der spirituellen Höherentwicklung umfasste; näher ausgeführt in Kapitel V.

Mit Meditationskompetenz wurde der Start der Schicksalsmeisterung unter Geistführung bereits im intakten Berufsleben fassbar; näher ausgeführt in Kapitel VI:

Im Auravideo vom 30.4.2020 überstrahlte das geklärte Solarplexus-Cha-kra/3. Chakra [Farbe: Gelb] die gesamte Chakrenleiter, die Aura zeigte vollkommene Harmonie und der PC bescheinigte Weisheit.

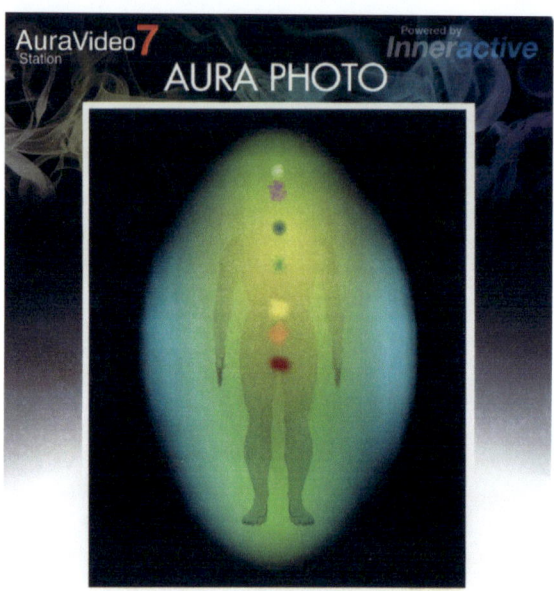

Christa Schüler 30.4.2020

YELLOW abundance, knowledge, wisdom, creative, philosophical

Inneractive Enterprises Inc. * Email:CustomerService@Inneractive.com Internet: www.inneractive.com

Die Einordnung der vorbestimmten Schicksalsmeisterung in den Schöpfungsprozess der Geistwelt vollbrachte die Überselbstbildung, gemäß Auravideo vom 18.3.2021; näher beschrieben im EPILOG.

Im PC-Text des Auravideos vom 18.3.2021 dominierten das 2. Chakra/Sexualchakra [Orange: Lebensfreude] und das 1. Chakra/Wurzelchakra

[Farbe: Rot], wobei die Durchsetzung der Aura mit der Farbe Violett [7. Chakra/Kronenchakra] ein Überselbst kennzeichnete.

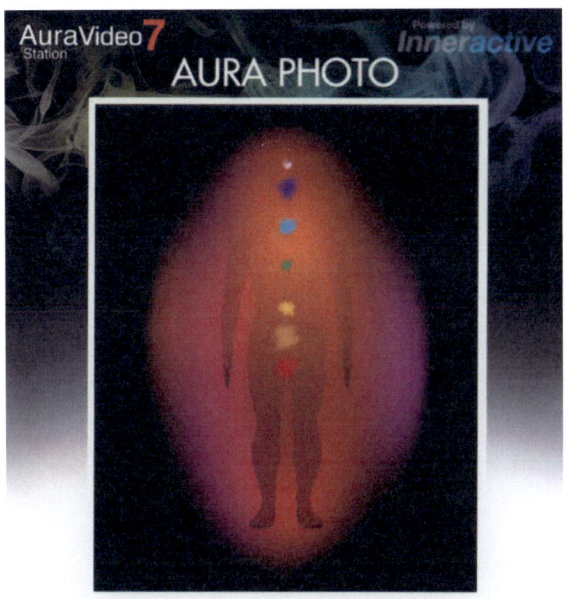

Christa Scüler 18.3.2021

ORANGE-RED artistic, physical-creative expression, excitement

Inneractive Enterprises Inc. * Email:CustomerService@Inneractive.com Internet: www.inneractive.com

DANKSAGUNG

Meine Schreibarbeit, in der die Schicksalswirren einer Körperpsychotherapieausbildung aufgearbeitet wurden, umfasste eine Höherentwicklung vom persönlichen zum überpersönlichen Selbst, die dank der
Unterstützung des Lektors Ferdinand Leopold gelingen konnte. Zwar
hatten mir die Merksprüche der Uryoga-Geistphilosophie zur wissenschaftlichen Nachzeichnung der Ausbildungszeit verholfen, doch
die Bewusstseinsbildung von analytischer Denkwelt zur Geistwelt des
Einsseins erforderte Gesprächsaustausch, wobei mir Ferdinand Leopold zur Seite stand, der auch die Uryoga-Philosophie mit mir teilte –
sonst niemand weiter.

Die Fülle meiner Irrtümer im Schreibprozess konnte bewältigt werden durch die Einführung einer PC-Systematik, die Ferdinand Leopold
übernahm, denn die Computertechnik blieb mir fremd.

Besonders hervorzuheben ist seine zuverlässige Begleitung, auch unter Stressumständen.

Der Aurafotograf Ralf Marien-Engelbarts dokumentierte meine gesamte Schreibarbeit, wobei die Aurafotos/Auravideos auf dem Weg
der Selbstfindung auch Vergleiche ermöglichten, die das Unterschei-
dungsvermögen schulten. In philosophischer Hinsicht vertraten wir
unterschiedliche Standpunkte, dennoch blieb er mir treu, wofür ich
ihm von ganzem Herzen danke.